Mathieu Verboud
et Christophe Bouquet

Narcotrafic, le poison de l'Europe

La Découverte

Composé par Facompo à Montrouge
Création graphique de la couverture : Quentin Poilvet
Dépôt légal : octobre 2025

Si vous désirez être tenu régulièrement informé de nos parutions, il vous suffit de vous abonner à notre lettre d'information sur notre site **www.editionsladecouverte.fr**.

ISBN 978-2-348-08787-5

Introduction

« Le marché des drogues est avant tout un marché de dupes. » Cette phrase lumineuse d'Alain Labrousse, fondateur et directeur de l'Observatoire géopolitique des drogues en 1992, aujourd'hui disparu, dit beaucoup. À la fois fond de tableau et morale de l'histoire chaque fois qu'on approche la scène du commerce des drogues. Un commerce d'une vitalité imperturbable quelle que soit l'époque, quel que soit le lieu, alors qu'il ne fait que des perdants. Le trafiquant, d'abord, qui veut faire de l'argent alors que son destin, pour peu qu'il ne se soit pas reconverti à temps, est, le plus souvent, de finir sous les balles ou derrière les barreaux. Le consommateur, ensuite, qui pour la société est au pire un délinquant, au mieux un malade. La cocaïne, produit-phare du marché des drogues en raison de sa phénoménale profitabilité est l'incarnation de ce marché de dupes. La drogue des *winners* est aussi celle des *losers* qui veulent ressembler aux *winners*.

Au milieu de tout ça, les États, garants supposés de notre santé et de notre sécurité, n'osent pas reconnaître qu'ils n'ont pas la main. Interdire les trafics signifierait interdire la circulation des marchandises. Plus cette circulation augmente, plus le trafic s'accroît, plus l'impuissance des États est manifeste. La boucle est bouclée, le marché de dupes est en place, avec une répartition des rôles qui emprunte à la sitcom pour le répétitif et à la tragédie antique pour l'inéluctable : le trafiquant trafique, le consommateur consomme, le flic flique, le juge juge, le soignant soigne, l'opinion opine. Il faut être la petite souris dans un coin de la scène, être par exemple criminologue ou douanier, pour pouvoir suivre la ligne blanche à l'envers de son cours et découvrir une autre réalité : la cocaïne tue davantage ceux qui n'en consomment pas – les communautés qui vivent dans les zones de production ou de trafic – que ceux qui en consomment. Le Mexique en est l'exemple le plus terrifiant. Et d'autres pays d'Amérique latine, Équateur, Costa Rica, Salvador, Suriname prennent ce chemin.

Comment ce marché de dupes peut-il perdurer ? C'est l'objet de ce livre, qui accompagne et prolonge une série documentaire sur Arte, de tenter d'y répondre. Comme le dit le messianique Bob Marley dans « Get up Stand Up », « on peut duper certaines personnes plusieurs fois, mais on ne peut pas duper tout le monde tout le temps. Quand vous verrez la lumière, vous vous lèverez pour vos droits ». Est-ce un hasard si cette ode à l'émancipation des esprits a été écrite par un grand amateur de cannabis devant l'Éternel ? L'adage auquel il est fait référence a certes une portée générale mais s'applique aussi à quelque chose qu'en bon Jamaïcain, Marley connaît bien : l'*usage* des drogues. Dès lors que ces drogues sont cultivées dans des communautés structurées, s'ancrent dans des cadres culturels établis sur la durée, les pratiques ne débordent pas. Il en va différemment lorsqu'on parle du *commerce* des drogues. Là, l'adage se trompe, c'est tout le tragique de l'affaire, et c'est là que doit porter notre réflexion. Ce commerce des drogues est l'objet de ce livre. Nous l'avons abordé pour ce qu'il est, c'est-à-dire un marché. Comment s'organise-t-il ? Qui en fixe les règles ? Quelles en sont les routes d'approvisionnement ? Où part l'argent amassé ? Quel en est l'impact sur nos sociétés ? Qu'en pensent ceux qui, au quotidien, travaillent à saisir les cargaisons, arrêter les trafiquants, les poursuivre en justice ? Telles sont les questions que les personnages de ce livre ne cessent de se poser. De leurs réponses émerge ce que nous espérions trouver : le « business model » de ce marché. Mais aussi ce que nous n'attendions pas, et qui peut se résumer ainsi : personne ne contrôle le marché des drogues. Ni les États ni même le crime organisé. Le marché de dupes est un marché sans maître.

Si le commerce prospère, c'est parce qu'il y a des consommateurs, récréatifs ou endurcis. Les premiers sont guidés par le mimétisme social. C'est le « J'en prends parce que les gens autour de moi en prennent ». Les seconds disent quelque chose d'un autre ordre, mais tout aussi simple : « La drogue c'est bon, sinon je n'en prendrais pas. » C'est tout ce que le trafiquant a besoin de savoir. À partir de là, il n'y a plus qu'à fournir ; le reste n'est qu'intendance, aussi ardu soit le job qui consiste à glisser une cargaison illicite dans un conteneur dans le pays de départ pour la récupérer dans le pays d'arrivée. Il en va ainsi depuis que les bateaux sillonnent le monde, c'est-à-dire depuis le démarrage de l'expansion coloniale et du mercantilisme il y a quatre siècles. C'est dans cette histoire que nous nous sommes plongés, de Java au Suriname en passant par le Bengale, les montagnes du Rif et le cap de Bonne-Espérance. Et chaque route que nous avons empruntée nous a ramenés aux Pays-Bas, pays du commerce-roi. Et à la période contemporaine.

C'est en effet au tournant des années 2000 qu'émerge dans le port de Rotterdam une nouvelle génération de trafiquants de cocaïne issus des quartiers d'immigration marocaine, surinamienne, caribéenne et turque. Cette nouvelle génération, lancée dans la carrière en escaladant nuitamment des montagnes de conteneurs stockés sur les terminaux pour en extraire des cargaisons, se met rapidement à son compte. Ce faisant, elle s'enrichit si vite et de façon si sanguinaire qu'elle hérite d'un surnom : la « Mocro Maffia », la « mafia marocaine » – terme inventé par deux journalistes hollandais dans un livre sorti en 2014 retraçant par le menu le parcours de ces petits délinquants qui, à force d'escalade, se sont hissés au sommet de l'échelle du crime, s'affirmant au passage comme une sérieuse menace à l'État de droit. C'est donc à cette « Mocro Maffia » – qui acquerra en quelques années un parfum de légende dans la jeunesse de rue des grandes cités hollandaises, au sein des milieux du rap et du kickboxing, et qui fera ensuite l'objet d'une série télévisée et d'une bande dessinée – que nous nous sommes intéressés. Non pas tant pour en raconter les méfaits, abondamment détaillés par la chronique judiciaire, que pour voir dans quelle mesure elle participait de la grande histoire du trafic de drogues contemporain, de quoi, en somme, elle était le symptôme.

Rapidement, nous nous sommes rendu compte que quelque chose ne « collait » pas. À commencer par le terme « Mocro Maffia » lui-même… Comment des voyous venus de la rue auraient-ils pu accomplir la prouesse de devenir aussi rapidement une mafia quand l'une des particularités des mafias historiques est de s'être construites décennie après décennie, sur plusieurs siècles ? En quoi cette nébuleuse de groupes organisés sur des bases purement relationnelles, transactionnelles, opportunistes, s'apparente-t-elle à une organisation mafieuse, toujours structurée de façon unitaire, pyramidale, hiérarchique ? Pourquoi le but premier de la « Mocro Maffia » est-il l'argent quand l'objectif stratégique d'une mafia est avant tout le contrôle (politique, économique, social) d'un territoire ? Pourquoi la « Mocro Maffia » pratique-t-elle la trahison et les petits meurtres entre amis quand les mafias historiques défendent l'obéissance absolue aux ordres donnés d'en haut ? Quoi de commun entre cette « Mocro Maffia » qui ne prospère que par l'absence de règles et une mafia historique qui place la règle au-dessus de tout ? Comment cette « Mocro Maffia », aujourd'hui largement décimée, peut-elle être assimilée à une mafia dont la principale qualité est de ne jamais mourir ? Non, décidement, quiconque connaît un peu l'histoire des mafias le dira : la « Mocro Maffia » n'a rien d'une mafia.

Et elle n'est pas davantage marocaine, dans la mesure où ses membres ne sont pas marocains, sinon tout au plus originaires du nord du Maroc pour une partie d'entre eux. Définir comme « marocaine » une nébuleuse criminelle fondamentalement multiculturelle, dont la plupart des acteurs ont grandi aux Pays-Bas, c'est essentialiser les criminels, les juger en fonction de leurs origines et non pour les crimes qu'ils commettent. Racisme, erreur de diagnostic, ou les deux à la fois ? On comprend pourquoi ceux qui sont en première ligne pour étudier le narcotrafic rejettent unanimement le terme de « Mocro Maffia », lui préférant celui, plus sobre et infiniment plus juste, de « crime organisé ».

Si, depuis le tournant du millénaire, les Pays-Bas et, par ricochet, la Belgique sont devenus le centre névralgique du trafic européen de cocaïne, c'est parce que la « Mocro Maffia » ne constitue que le dernier épisode en date d'une longue histoire, dont le prochain chapitre s'écrira sans elle. Et cette histoire dit à peu près ceci : le commerce international des drogues a quatre cents ans d'âge. Il fut le fait de riches commerçants actifs lors de la première phase historique de la colonisation du monde, des commerçants d'une nature assez particulière puisqu'ils ont inventé rien de moins que le capitalisme marchand. Avant que celui-ci ne devienne l'affaire des États, puis celle du monde d'en bas, de la pègre, dans la dernière période de l'ère coloniale. Autrement dit, le commerce des drogues s'est démocratisé au rythme de la démocratisation de nos sociétés. Faut-il s'en étonner ?

On peut en revanche s'étonner que les Pays-Bas aient joué, à chacune des grandes époques de cette « histoire longue » du commerce des drogues, un rôle de premier plan. Et cela pour des raisons qui relèvent de ce qu'il faut bien appeler un génie national, tout entier résumé dans l'appétence et le talent incomparables des citoyens du Plat Pays pour le commerce, licite ou illicite, et pour la botanique, notamment la tulipe – qui a fait l'objet d'un négoce spéculatif tel, qu'il a conduit en 1637 au premier krach de l'histoire du capitalisme dans ce qui s'appelait alors les Provinces-Unies des Pays-Bas. Le goût des plantes exotiques aidant, est venu le temps de l'opium, puis de la cocaïne, et de leur commerce, domaine dans lequel les Pays-Bas ont excellé. La dernière phase en date de la globalisation marchande, celle des trente dernières années, a généralisé le mouvement, donnant naissance à ce qu'on pourrait appeler un « turbocapitalisme », à savoir un modèle économique fondé sur un objectif unique, l'argent, imperméable à toute tutelle étatique, affranchi de l'impôt, reposant sur une dynamique d'accumulation déterritorialisée, fantôme… où les ordres donnés par téléphone portable dans un coin du monde sont exécutés à l'arme de guerre dans un autre coin du monde. Beaucoup des donneurs d'ordre du monde narco ont fait leurs classes aux Pays-Bas.

Le commerce des drogues est une jungle et, dans la jungle, trouver la piste s'apprend. Il fut un temps pas si lointain où la police suivait celle des trafiquants. Puis vint le juge italien Giovanni Falcone qui, dans son combat contre Cosa Nostra, suggéra de suivre la piste de l'argent. Aujourd'hui, il faut traquer les cargaisons illicites dissimulées dans des conteneurs de fruits tropicaux qui arrivent d'Amérique latine, la fameuse « piste de la banane ». Et où arrive la banane ? À Anvers et à Rotterdam, respectivement les deux plus grands ports d'Europe. Lorsque nous avons entrepris d'étudier la dimension hollandaise et belge du trafic contemporain de cocaïne, c'est vers ces deux ports distants d'une centaine de kilomètres seulement que notre attention s'est tournée. Anvers et Rotterdam sont des personnages à part entière de ce récit, chacun avec sa géographie propre ; et c'est cette géographie qui dicte largement les termes spécifiques du trafic et des saisies dans chacun des deux ports.

Mais ce sont d'autres personnages de ce récit, ceux qui travaillent sur le narcotrafic, qui nous permettent d'en distinguer les ressorts fondamentaux, les dynamiques singulières. Policiers, magistrats, douaniers, criminologues, historiens, journalistes spécialisés avec lesquels nous avons échangé ne se sont pas arrêtés à un état des lieux, ils ont redéfini les termes du débat, brisant au préalable quelques idées reçues. Ils récusent le terme de « Mocro Maffia » comme ils récusent le terme de « narco-État », qu'il soit employé pour désigner les Pays-Bas, ou pour tout pays où le trafic est omniprésent. Ce terme de « narco-État » laisse supposer que l'État lui-même est aux commandes du trafic, voire que le trafic est sa raison d'être. Les Pays-Bas sont bel et bien une plaque tournante du trafic de cocaïne en Europe, mais sont-ils les instigateurs du phénomène ou en sont-ils la victime ? Autre expression trompeuse que réfutent nos personnages : « cartel de la drogue », auquel ils préfèrent le terme de « syndicat du crime ». Un cartel désigne une entente cachée, illicite entre producteurs afin de dicter les volumes de production et les prix. Dans le domaine de la cocaïne, aucune entité n'a le pouvoir de contrôler les volumes et les prix. Autant de termes qui font certes écho à la formidable déferlante du narcotrafic sur nos sociétés, mais dont l'absence complète de pertinence révèle en fait notre difficulté collective à comprendre ce qui se joue.

Les criminologues sont, de façon générale, beaucoup plus critiques que les policiers sur l'efficacité de la guerre à la drogue telle qu'elle est menée par les pays occidentaux depuis les années 1970, et la décision du président Nixon d'entrer en croisade contre la « drogue ». Il n'y a là rien de surprenant : les premiers sont guidés par la liberté académique quand les seconds sont au service de l'État.

Mais être au service de l'État ne signifie pas pour autant être sourd et muet aux évolutions du monde. Lorsque de plus en plus de voix, dans l'appareil policier, douanier et judiciaire, disent désormais ouvertement que la criminalité organisée en lien avec le narcotrafic est devenue la principale menace à la sécurité intérieure de l'Union européenne, bien avant le terrorisme, ils ne servent pas la soupe aux décideurs politiques, bien au contraire. Il s'agit d'une pierre déposée *mezzo voce* dans le jardin de ceux qui nous gouvernent. Car, derrière les discours martiaux de nos ministres de l'Intérieur sur la guerre impitoyable à mener contre le narcotrafic qui ensauvage nos sociétés, il est une réalité plus crue : la guerre à la drogue fait peur au monde politique. Lutter contre le narcotrafic, en effet, c'est aussi partir en guerre contre les criminels en col blanc, ceux qu'on appelle les « facilitateurs » et qui permettent le blanchiment d'argent. Mais s'attaquer au blanchiment implique de s'attaquer au secret bancaire, et cela est beaucoup plus risqué politiquement que de lutter contre des barbus fanatisés. Lutter contre le narcotrafic, c'est remplir encore les prisons, alors que le problème de la surpopulation carcérale n'est toujours pas résolu. Combien de figures politiques de premier plan ont le courage de dire ces vérités à l'opinion ?

La France n'a sans doute pas atteint le niveau des Pays-Bas ou de la Belgique en matière d'importation de stupéfiants, au sens où les réseaux de narcotrafic n'y disposent pas de la base logistique qu'offrent les ports d'Anvers ou de Rotterdam. Pour autant, sa position géographique centrale en Europe de l'Ouest, ses liens avec les Antilles et la Guyane, son rôle de terre de repli, voire de mission, pour les mafias italiennes, son vivier de consommateurs, son passé, avec le rôle de Marseille dans le trafic d'héroïne des années 1930 à la French Connection, ses ghettos urbains sont autant de facteurs qui peuvent expliquer la déferlante du narcotrafic qu'ont observée policiers et magistrats ces quinze dernières années. Si l'on ajoute à cela la complète liberté de circulation intra-européenne mise en place avec les accords de Schengen en 1995 et l'accélération générale des échanges, ces alertes prennent brusquement tout leur sens. Et pour qui connaît la situation aux Pays-Bas et en Belgique depuis une vingtaine d'années, cela fait froid dans le dos. Notre corps social le comprend. On le sent quand on observe les collectifs antimafia qui apparaissent ici et là, les appels à l'aide de maires de petites communes débordés par le trafic. De la même façon, l'opinion n'est pas dupe de l'omniprésence des drogues, notamment celles de synthèse dont les variétés se comptent par centaines, dans les coins les plus reculés du territoire. Elle n'ignore pas davantage la macabre chronique des « narchomicides » pour peu qu'elle branche la radio le matin au moment du café.

Narcotrafic, le poison de l'Europe : arriver à ce titre a été un long chemin car nous avons passé plus de temps à étudier les mécanismes criminels qu'à nommer les opérateurs de ces réseaux. Mais au fil des mois, en prêtant attention à ce qui se disait, ce qui s'écrivait, nous avons vu se multiplier les termes visant à désigner ceux qu'auparavant on appelait « trafiquants de drogue ». Nous avons apprécié la trouvaille de notre confrère Vincent Monnier, qui utilise le terme de « narcocratie » dans son livre éponyme[1]. Ce suffixe -cratie résonne : « ploutocratie », « phallocratie », « narcocratie »… Le suffixe -archie aurait aussi marché : « hiérarchie », « oligarchie », « narco-archie », quoi que moins euphonique. Stephen Snelders, historien hollandais dont nous mentionnons régulièrement le travail dans ce livre, a repris à son compte le terme d'« anarchie criminelle » pour souligner le caractère relativement artisanal, sinon bricolé, des réseaux criminels hollandais depuis l'instauration de la prohibition internationale des drogues dans les années 1920[2]. Serions-nous alors face à des « a-narcos » ? En repoussant le pendule de l'autre côté, nous aurions également pu parler de « narcocapita-

1 *Narcocratie. Comment ils ont pris le pouvoir*, Albin Michel, 2025.

2 Stephen Snelders est l'auteur de l'incontournable *Drug Smuggler Nation : Narcotics and the Netherlands, 1920-1995*, Manchester University Press, 2021 (https://manchesteruniversitypress.co.uk/9781526151391/).

lisme », tant la résonance est flagrante entre le narcotrafic et les transformations contemporaines du capitalisme, à commencer par cette indifférence absolue aux règles communes quand celles-ci entravent leurs projets.

Si l'on part de la dynamique globale du marché de la cocaïne, on constate une forte ressemblance avec ce que le capitalisme contemporain sait faire très bien et surtout très vite : aller chercher le consommateur là où il vit. L'époque où il n'y avait que deux grands marchés, l'Amérique du Nord et l'Europe occidentale, est révolue. Le marché se déploie depuis plusieurs décennies vers l'Europe orientale, la Russie et l'Amérique latine, autant de pays qui n'étaient pas historiquement de forts consommateurs de ces produits. Pour autant, si dans des pays de consommation ancienne, comme la France, la demande de produits n'augmente désormais plus qu'à la marge, elle se situe à un niveau suffisamment élevé pour continuer de faire la fortune des narcotrafiquants.

Si l'on ajoute à cela l'extraordinaire retour sur investissement que permet le commerce de la cocaïne, il devient évident qu'il y a là un appel d'air gigantesque, gagé sur une demande de drogues monumentale, qui ne peut que susciter la réponse marchande, qu'apportent les businessmen de la dope. Et n'attendons pas de ces criminels-là qu'ils arrêtent de défourailler : cela fait partie de leur fonctionnement. N'attendons pas non plus d'eux problèmes de conscience ou scrupules : ça ne rapporte pas. Et n'attendons pas davantage qu'ils renoncent à dissimuler leur argent dans des paradis fiscaux : eux-mêmes s'y planquent. En bons entrepreneurs, ces gens-là appliquent nombre des règles cardinales du capitalisme au « projet narco ».

Comme la guerre au terrorisme, la guerre à la drogue est une guerre sans fin. Non pas parce qu'elle échoue ponctuellement, mais parce qu'elle est simplement vouée à l'échec tant que les paradis fiscaux seront protégés et que les réseaux narcos préserveront leur place durement acquise dans les flux des échanges internationaux.

Au passage, le terme « échanges », tel que l'entend le siècle des Lumières, voit son sens modifié. La pensée libérale, dans son sens originel, revendiquait l'ouverture, supposait une certaine mesure, fondée sur l'existence de contre-pouvoirs, qu'ils soient économiques (la concurrence), sociaux (la règle) ou politiques (la souveraineté du régalien). Le capitalisme contemporain, version augmentée de lui-même, n'a que faire du libéralisme et de cette horlogerie. Dans le mantra fondamental « laissez-nous faire nos affaires », le terme qu'il faut entendre, c'est le « nos ». Seul ce qui est « notre » compte. Logique classique de la conquête, de la prédation, où l'élimination de la concurrence fait partie du business model. Ce capitalisme-là nous a donné le libertarianisme, un système où ce ne sont plus les multinationales qui dictent les règles, mais les individus qui les dirigent. Ces gens-là – ne leur faisons pas l'honneur de les citer – entendent réinventer le monde, le nôtre, et cela suppose – ils le revendiquent explicitement – de s'affranchir de la démocratie, de la régulation par l'État, de la liberté syndicale. On passe du loup libre d'aller rôder dans le poulailler au loup qui occupe, et donc possède, le poulailler. Les narcos ne revendiquent certes rien, pour l'instant du moins, mais ils sont dans cette logique. La seule liberté qui reste aux autres, c'est celle d'être croqués. Le modèle totalitaire fonctionnait sur le principe : « Tout est interdit, sauf ce qui est obligatoire. » Les modèles libertariens et narcos ont en commun ceci : « Tout y est autorisé, sauf ne pas dire oui. » Dans une société démocratique, notre liberté s'arrête là où commence celle des autres. Là, c'est l'inverse : la liberté des autres s'arrête là où commence la nôtre. On peut voir dans cette vision du monde l'embryon d'une pensée politique… Et si tel est le cas, qu'est-ce que cela signifie pour nous ?

La réponse à cette question, nous l'avons trouvée au hasard de notre travail de veille régulière sur l'actualité des marchés des drogues le jour où nous sommes tombés sur un article du *Monde* du 14 mai 2025 intitulé « L'Équateur gangrené par le trafic de "narco-bananes" ». Interrogé sur les circuits les plus fréquemment employés par les trafiquants, un colonel de police équatorien dit ceci : « Les trafiquants […] cherchent en permanence de nouvelles techniques et de nouvelles routes, en laissent dormir certaines pour les réactiver ensuite. Affirmer que la cocaïne passe par ici plutôt que par là est très hasardeux. […] C'est une guerre asymétrique. Les narcos, qui ont d'énormes moyens, ont toujours une longueur d'avance sur nous. » Là, tout s'éclaire, la menace est nommée : celle d'une « guerre asymétrique », administrée à nos sociétés sur le mode du poison.

Trafic, violence, corruption, blanchiment… Si le narcotrafic est ce poison pour l'Europe, il nous incombe alors d'y répondre. Une prise de conscience a commencé de s'opérer aux Pays-Bas, en Belgique, et maintenant en France. Il reste à savoir si cette prise de conscience préfigurera la fin d'une guerre sans fin, une issue à une guerre sans issue, la « guerre à la drogue ».

1

Une guerre sans fin ?

« Un narco colombien vous dira : “J’ai perdu une cargaison ? Pas grave.

Je passe un coup de fil et je renvoie une nouvelle cargaison.

Elle se fait saisir ? Je renvoie un chargement.”

Et on continue de renvoyer tant qu’il y a des saisies. »

Damian Zaitch, criminologue

« Ouais gros, on a quelques problèmes ici tu sais, des gars se font serrer tu vois mec ! Donc aieaieaieaie, je sais pas comment l’expliquer le mec qui avait la thune la dernière fois, il s’est fait choper. »

Message d’un narco,
décrypté par les services de police

Dans leur chronique du monde toujours mouvant du narcotrafic, il est un moment que les médias ne manqueraient pour rien au monde : celui de la saisie. Dans une séquence télévisée, le rituel est bien rôdé, avec un zeste de dramaturgie dans l'information : « Dix tonnes de cocaïne saisies à Dunkerque hier, huit tonnes à Rotterdam la semaine dernière », « Saisie spectaculaire de vingt-cinq tonnes à Anvers depuis le début de l'année », « Réseau international démantelé », « L'opération porte un coup sévère au narcotrafic »... Au fil des années, dans l'immuable litanie des annonces radio, des manchettes de journaux, des dépêches de presse, en voyant la mine basse de gros bonnets du trafic escortés vers un fourgon cellulaire par des Robocops, invariablement cagoulés, on se dit qu'à la longue, il ne doit plus rester grand-chose des réseaux criminels. Or, quand on parle avec des spécialistes de la saisie – douaniers, policiers, magistrats, chercheurs –, la musique est tout autre. Ceux-là connaissent de l'intérieur les mille et un écrans de fumée qui se déploient autour du marché des drogues et les interprétations hâtives à éviter. En bons pisteurs, ils savent que les chemins ne conduisent pas toujours à Rome. Et que, lorsqu'on parle de trafic, les saisies de cocaïne occupent une place centrale.

La cocaïne n'est pas la drogue qui pèse le plus sur le marché à la revente en Europe (environ 9 milliards d'euros, contre plus de 11 milliards pour le cannabis). Pourtant, si la poudre blanche – et non le cannabis, ni les méthamphétamines – est l'objet privilégié de cette enquête, c'est parce que la cocaïne est la drogue symbole de notre temps. C'est elle qui, plus que toute autre, mobilise les énergies. Celle des trafiquants, du fait des profits incomparables que génère le produit. Celle des forces de l'ordre, police, douanes, justice, services fiscaux, au travers des moyens de contrôle et de répression qu'ils déploient, à partir de la ligne de front où les souris et les chats se confrontent : les grands ports. C'est aussi autour de la cocaïne que surgissent les questions les plus troublantes sur le fonctionnement du marché des stupéfiants.

Savoir lire les chiffres…

Au début des années 2000, les polices européennes relèvent une augmentation rapide des saisies de cocaïne sur le continent européen. De 32 tonnes saisies en 1998, on passe à 121 tonnes en 2006[1]. Que traduit cette augmentation ? Est-ce la conséquence de meilleures performances policières et douanières sur la période ? Ou plutôt le symptôme d'un essor de la production de cocaïne à l'échelle mondiale ? Seraient-ce les deux à la fois ? Il est d'autant plus difficile de répondre à ces questions qu'un autre aspect complique l'équation :

1 Voir, pour plus de précisions, les enquêtes d'InSight Crime (https://insightcrime.org/).

l'effet de leurre. Les trafiquants saturent délibérément une route d'acheminement afin d'endormir la vigilance douanière, pour mieux passer ailleurs, là où on ne les attend pas, avec une cargaison plus importante. Comme aux échecs, la joute stratégique passe par le sacrifice de pièces. À ceci près que, dans le business de la cocaïne, le nombre de pièces est quasi illimité et le nombre de combinaisons aussi. Le trafiquant peut par exemple vouloir balancer un rival à la police, histoire de se débarrasser d'un concurrent ou de régler un obscur contentieux.

Sur un marché où tout est possible, une chose est sûre : la saisie n'est qu'une écluse qui détourne une partie d'un flux. Si cette part interceptée croît, la marée, en réalité, monte, voire – le mot circule depuis quelques années dans le monde des douanes – s'apparente à un véritable « tsunami ».

Là où la lecture des chiffres prend une saveur encore plus inattendue, c'est lorsque la conjoncture se renverse ; quand, après une période de hausse des saisies, on assiste à une période de baisse. C'est exactement ce qui se produit entre 2006 et 2009. Les saisies européennes diminuent, passant de 121 tonnes à 53 tonnes. Que traduit cette décrue ? Les narcos sont-ils si habiles qu'ils arrivent à tromper la vigilance des douaniers ? Ou serait-il possible, au contraire, que les douaniers fassent tellement bien leur travail que les trafiquants, découragés, aillent chercher ailleurs d'autres marchés ?

On ne le saura jamais, car les forces de l'ordre elles-mêmes n'ont sans doute jamais eu le fin mot de l'histoire. De la même manière, et sur un autre registre, à la même époque, les policiers français ne comprennent pas davantage pourquoi les taux de THC augmentent considérablement dans leurs saisies de cannabis en provenance du Maroc. Comment cela est-il possible ? Tout simplement parce que procéder à ce type d'analyses sur les cargaisons saisies n'est pas le mandat premier des forces de l'ordre. C'est aux chercheurs, criminologues, sociologues, économistes du narcotrafic, qui travaillent au quotidien sur les dynamiques du marché, de formuler des hypothèses et d'apporter des réponses. Partant des niveaux de consommation, des taux de pureté du produit et des prix restés globalement stables, ils estiment que la baisse des saisies observée entre 2006 et 2009 n'est pas liée à une diminution des flux de production de cocaïne. Cette baisse signifierait plutôt que les trafiquants sont mieux armés qu'avant pour passer sous le radar. Et donc que les forces de l'ordre, aussi performantes et engagées soient-elles, ne regardent pas au bon endroit.

Dix ans plus tard, l'épineuse question de la lecture des chiffres se pose une fois encore. Plus précisément à partir de 2017, année que les autorités des grands ports d'Europe du Nord ne sont pas près d'oublier. À commencer par Jan Janse, patron de la police du port de Rotterdam, l'un des rares ports européens à disposer de sa propre police. Lorsque cet homme placide, aux faux airs du furieux Jimmy Connors, l'ancienne légende du tennis, est entré en fonction trois ans auparavant, en 2014, le montant total annuel des saisies dans le port oscillait autour de cinq tonnes. « Et soudain, en 2017, nous avons saisi vingt-deux tonnes. À Anvers, on a constaté une évolution similaire. L'année suivante, nous avons saisi trente-trois tonnes. C'est à ce moment-là que nous avons décidé d'impliquer le maire de Rotterdam et le procureur général pour travailler avec Anvers et Hambourg, dans l'objectif de comprendre pourquoi les ports d'Europe du Nord étaient si vulnérables au trafic de drogues. À l'époque, nous menions jusqu'à cent cinquante enquêtes par an, et pourtant la cocaïne continuait d'arriver en volumes toujours plus grands. Nous avons donc décidé de changer nos façons de faire, en nous demandant pourquoi autant de cocaïne arrivait chez nous[2]. »

Au jeu de « qui perd gagne »…

On n'observe pas le narcotrafic comme le marché du pétrole ou de la banane. Par définition, tout y est masqué, depuis la production jusqu'au blanchiment des profits en passant par les méthodes de vente. Seuls les professionnels de l'analyse des trafics et de la lutte

2 Les citations dont les références ne sont pas indiquées sont issues d'entretiens menés dans le cadre de notre enquête.

antidrogue savent en interpréter les paramètres. À partir de quelques données de surface, telles que les quantités saisies, les évolutions des prix et de la consommation, ils tentent de sonder ce marché dans ses profondeurs, ses tendances lourdes.

Les grands ports industriels d'Europe du Nord sont les lieux d'observation privilégiés de ces évolutions. C'est à Anvers et Rotterdam que l'on prend le pouls mondial du marché de la cocaïne et autres stupéfiants. Aujourd'hui, 90 % du volume du commerce mondial passent par la voie maritime. Dizaines de milliers de navires, milliards de tonnes de marchandises… ce flux naviguant est la voie royale du narcotrafic. Dispersées dans quelques milliers de conteneurs parmi les dizaines de millions traversant l'Atlantique, une bonne part de ces cargaisons illicites arrivent chaque année en Belgique (au port d'Anvers) ou aux Pays-Bas (au port de Rotterdam). Une fois débarquée, la cocaïne ne reste pas longtemps sur place : 90 % des cargaisons récupérées par les trafiquants repartent rapidement pour être commercialisées, distribuées aux quatre coins de l'Europe.

À hauteur d'hélicoptère ou de drone, un port industriel de la taille d'Anvers ou de Rotterdam ressemble à un jeu de Lego géant. Le long de dizaines de kilomètres de quais, des élévateurs y déplacent des milliers de conteneurs multicolores. Le ballet des navires et des grues est plus difficile à observer au niveau du sol, faute d'avoir l'autorisation de circuler dans ces labyrinthes. Tout se déroule à distance, comme à huis clos, derrière d'interminables lignes de grillage. Principaux terminaux de la deuxième façade maritime du monde, qui s'étend du Havre à Hambourg, Rotterdam et Anvers captent une partie importante du commerce international. Douzième port mondial en 2024, le port de Rotterdam voit débarquer 12 millions de conteneurs par an (soit 32 876 par jour, ou un toute les deux secondes), et 444 millions de tonnes de marchandises y sont traitées (près de 15 tonnes de marchandises par seconde). Si Rotterdam dépasse Anvers pour le volume des marchandises, Anvers est le premier port européen pour les produits arrivant d'Amérique latine, fruits tropicaux, ananas et bananes, autant de biens périssables ne pouvant faire l'objet d'une immobilisation prolongée, et appelant pour cette raison un transit aussi rapide que possible.

Ces deux poumons de l'économie européenne offrent un terrain de jeu idéal aux narcotrafiquants, qui affichent une préférence marquée pour le port d'Anvers. La raison en est simple : ses terminaux se déploient interminablement le long de l'estuaire de l'Escaut, et leur nombre complique l'intervention des douanes. Dans le port d'Anvers, en partie situé dans la ville, l'habitat urbain se trouve parfois à dix ou quinze mètres de la clôture, ce qui signifie que l'on peut passer assez facilement et assez discrètement à l'intérieur. À Rotterdam, en revanche, il faut parcourir quarante-deux kilomètres avant d'atteindre le Maasvlakte, le complexe des trois grands terminaux situés à l'extrême pointe des terres qui bordent la mer. Là, les déplacements se font en voiture. Un piéton ou un cycliste ne peuvent y passer inaperçus. Le personnel des douanes ou les caméras de surveillance ont tôt fait de repérer les intrus.

La différence entre les terminaux de Rotterdam et ceux d'autres ports d'Europe réside aussi dans leur degré d'automatisation. Les trois terminaux du Maasvlatke sont aujourd'hui robotisés. De petits camions s'y déplacent sans chauffeur. Des grues manœuvrent sans le moindre grutier. Le port d'Anvers n'a pas encore franchi ce seuil technologique. Sur ses terminaux, la silhouette humaine est plus fréquente. Et les conteneurs circulent sur un vaste périmètre, contrairement au port de Rotterdam où le scannage des conteneurs se fait sur les quais, au plus près des zones de déchargement du bateau.

Dernier point important : si la surveillance du port de Rotterdam ne relève que d'une seule entité – l'unité policière que dirige Jan Janse –, celle d'Anvers ressemble davantage à une pelote de laine emmêlée. En cause, le mille-feuille institutionnel qu'est la Belgique. En 2014, deux journalistes hollandais qui enquêtent sur la Mocro Maffia écrivent ceci à propos du port d'Anvers : « À Anvers, il n'y a pas un mais deux ports : l'un sur la rive gauche de l'Escaut, l'autre sur la rive droite. Chaque port appartient à une province différente. La rive droite relève de la province d'Anvers, la rive gauche de la Flandre orientale. Le port comprend trois communes : Anvers, Zwijndrecht et Beveren. Pour compliquer encore les choses, deux parquets judiciaires sont compétents dans la région, Anvers et Termonde[3]. »

Mais Rotterdam et Anvers ont un point commun : ils sont par excellence le terrain de l'affrontement entre policiers, douaniers et trafiquants. Ce sont des rings où les acteurs rivalisent d'invention et tentent de prévoir le prochain coup de l'adversaire. À chaque époque, sa méthode de contrebande.

Kristian Vanderwaeren est l'administrateur des douanes belges, autrement dit le patron. La mince silhouette impeccablement sanglée dans l'uniforme, la casquette réglementaire portée haut, comme englouti par la fonction, le douanier aurait fait un parfait chef de gare de Moulinsart. Mais l'apparente raideur protocolaire est vite démentie par un regard d'une paisible malice lorsqu'il s'exprime. Il décrit la méthode qui fut longtemps pratiquée, le rip-on/rip-off : « Une technique toute simple. En Amérique latine, vous prenez plusieurs sacs de sport que vous chargez de cent, deux cents, trois cents kilos de cocaïne. C'est le rip-on. Vous mettez ces sacs dans un conteneur qui arrive à Anvers. Sur place, c'est le rip-off. Des gens s'introduisent sur le terminal, repèrent le conteneur qu'ils cherchent, l'ouvrent, récupèrent la marchandise, puis s'évanouissent dans la nature. »

Pour le rip-on/rip-off, la nature de la marchandise convoyée a son importance. Les fruits tropicaux sont

---

3 *Mocro Maffia*, Marijn Schrijver & Wouter Laumans, Ed. Lebowski, 2014.

d'excellents supports : « On prend un ananas ou une banane et on met de la cocaïne dedans. Autre mode opératoire : cacher la drogue dans la structure du conteneur ou dans les réfrigérateurs. Récemment, on a même saisi des cargaisons de vêtements imprégnés de cocaïne. Le problème est que pour extraire la cocaïne d'une paire de jeans, il faut un laboratoire. Il en va de même lorsque la poudre blanche est mélangée au charbon. Celui-ci passe facilement la douane européenne, mais la difficulté consiste à récupérer la précieuse substance. » En écoutant le patron des douanes belges, on comprend mieux pourquoi depuis quelques années les polices démantèlent régulièrement des laboratoires clandestins peuplés de chimistes latinos sur le sol européen.

Sur le port de Rotterdam, Jan Janse précise le tableau du rip on/rip-off : « C'était encore la méthode la plus utilisée en 2017 et, jusqu'en 2022, beaucoup de stupéfiants étaient acheminés de cette manière. Et cela rendait les terminaux très dangereux pour les personnes qui y travaillaient. À tout moment de la journée, on pouvait tomber sur des "extracteurs", comme nous les appelons, c'est-à-dire les petites mains chargées d'aller récupérer les cargaisons de drogues dans les conteneurs dès leur arrivée au port, puis de les emmener ensuite en lieu sûr. Évidemment, si vous tombez nez à nez avec des "extracteurs", ça risque de mal se passer. Et quand cela se produit jusqu'à deux cents fois par an dans votre terminal, c'est-à-dire plus d'une fois tous les deux jours, votre personnel commence à devenir nerveux. »

Avec le temps, les techniques ont évolué : « À un certain moment, nous avons découvert que les “extracteurs” ne se rendaient plus au terminal par une brèche dans la clôture, mais qu'ils y plaçaient ce que nous appelons un “cheval de Troie”, un conteneur vide dans lequel se cachaient plusieurs trafiquants. Ces derniers retiraient ensuite les cargaisons du “conteneur source” pour les placer dans ce conteneur “cheval de Troie” déjà dédouané. Mais comment faire sortir ce conteneur dédouané du terminal ? C'est là qu'ils avaient besoin de la complicité d'un chauffeur de camion. » Côté Anvers, selon Kristian Vanderwaeren, on retrouve le même mode d'emploi : « Il n'y a pas si longtemps, ils coupaient les fils de la clôture du port pour entrer. Maintenant, du fait du nombre croissant de patrouilles, ils utilisent ici aussi des “chevaux de Troie” : pendant la nuit, ils sortent d'un conteneur dédouané, vont chercher la cocaïne dans le conteneur où elle se trouve, et la ramènent dans le conteneur dédouané, où ils s'entassent à quatre ou cinq, parfois dans des conditions effrayantes. »

Le plus difficile reste de se procurer un conteneur dédouané. Pour cela, les trafiquants doivent accéder à un code PIN. Créé par une compagnie maritime, ce code chiffré permet de récupérer le conteneur au terminal. Comme nous l'explique Jan Janse, bien que stocké dans des systèmes informatiques : « Le code PIN est un système tout sauf sûr. Chez certaines compagnies maritimes accostant à Rotterdam, nous avons constaté que 10 000 à 15 000 employés pouvaient y accéder. Et je ne parle là que des compagnies maritimes. Si le code est envoyé par courrier électronique au terminal ou au transporteur, l'accès s'élargit encore. Obtenir un code PIN devient un jeu d'enfant. »

Pour déjouer la méthode du « cheval de Troie », les responsables de la sécurité du port de Rotterdam ont fait depuis 2023 le choix d'un dispositif beaucoup plus sûr, appelé « chaîne de confiance ». Désormais, il y a moins de codes et plus d'humains. L'entreprise qui gère le conteneur doit identifier nominalement dans l'ordinateur la personne qui vient chercher le conteneur. Depuis 2023, les conteneurs du monde entier entrant dans le port de Rotterdam sont traités par ce nouveau système. Très vite, l'effet s'est fait sentir : les saisies ont augmenté à un point tel que les incinérateurs chargés de détruire la poudre blanche (dont la localisation exacte est confidentielle) tournaient à plein. Mais rien n'est jamais simple : quelques mois plus tard, les saisies baissaient de deux tiers alors même que le port n'avait jamais été mieux contrôlé. Phénomène similaire à celui, évoqué plus haut, observé entre 2006 et 2009 : est-ce le douanier qui se montre plus malin que le trafiquant ou l'inverse ? De la difficulté, encore et toujours, de savoir interpréter les chiffres...

Une chose est sûre : les autorités du port de Rotterdam ne relâchent pas leurs efforts. Chaque année ou presque, une étape est franchie dans le renforcement de la surveillance sur les terminaux. Plus de trois cents « caméras intelligentes » ont été mises en place pour détecter les personnes étrangères au service. Le système de filtrage est désormais omniprésent. Au fil des années cependant, un facteur joue un rôle crucial : celui de la porosité à la corruption du personnel portuaire. « À Rotterdam, explique Jan Janse, c'est l'ordinateur qui détermine l'emplacement du conteneur. Si un humain parvient à accéder à l'ordinateur et à modifier cet emplacement, c'est qu'il s'agit d'une personne bien introduite. La corruption se situe donc à un autre niveau que dans les ports du Havre ou d'Anvers. À Rotterdam, elle touche les personnes qui travaillent pour les compagnies maritimes car elles savent, par exemple, où se trouve le conteneur, s'il est sur le terminal ou non. Ces compagnies sont en mesure d'appeler le terminal pour demander où en est tel ou tel conteneur et s'il a été dédouané. Elles connaissent aussi le code PIN. C'est pour cette raison que les personnels des compagnies maritimes sont très ciblés par les réseaux criminels, qui vont parfois jusqu'à infiltrer directement ces compagnies. »

Pour la corruption, poursuit-il, chaque port a ses particularités : « Si je voulais passer en contrebande par Le Havre, je corromprais un conducteur de "cavalier" [portique de manutention automobile]. Je lui demanderais de placer le conteneur dans un endroit mal éclairé et facile d'accès, non pas au quatrième niveau d'une pile de conteneurs, mais au niveau du sol. Il faut donc examiner les particularités de chaque port pour comprendre quelle méthode les criminels doivent privilégier pour faire entrer la drogue. C'est comme pour le cambriolage. Un voleur a besoin d'une opportunité. Dans une rue où toutes les maisons sont éclairées à l'avant et sombres à l'arrière, il viendra par l'arrière. »

Dans cette escalade, la dissuasion prend toute sa part. À Anvers, l'arme-maîtresse est le scanner. L'objectif n'est pas de contrôler tous les conteneurs, ou même les seuls conteneurs à haut risque – c'est-à-dire les 400 000 qui proviennent chaque année d'Amérique latine et d'Afrique –, car la tâche est impossible. Il s'agit, plus modestement, de miser sur un renforcement drastique des capacités de scannage afin d'envoyer un message fort aux narcos. Kristian Vanderwaeren a remporté une bataille en convainquant le gouvernement fédéral d'acheter une dizaine de camions-scanners qu'il a ensuite disposés au plus près des terminaux de débarquement de marchandises. La méthode s'inspire de ce qui se fait à Rotterdam, où les bâtiments des douanes sont disposés autour des zones portuaires comme un entonnoir. Elle relève d'une tactique militaire bien connue : celle du goulet d'étranglement, qui consiste à réduire au maximum l'espace dans lequel l'adversaire peut opérer. Kristian Vanderwaeren a veillé à augmenter régulièrement les objectifs annuels du scannage : « L'idée est de grimper jusqu'au moment où les organisations criminelles vont se dire : "Ce n'est plus intéressant d'utiliser ces conteneurs pour exporter de la cocaïne vers l'Europe." » Le problème reste l'organisation pratique du scannage. Un seul bateau en provenance d'Amérique latine peut décharger d'un seul coup 5 000 conteneurs. Tout cela demande donc une organisation sans faille entre douaniers et terminaux.

Au-delà de cette stratégie affichée de dissuasion, l'efficacité de la lutte antidrogue se joue en amont, du côté du renseignement. « Nous travaillons sur deux fronts, explique Kristian Vanderwaeren : d'abord, il y a l'information fournie par les polices étatsunienne ou latino-américaines. Quand nous sommes avertis que tel ou tel conteneur pose problème, il faut le scanner. Il y a aussi l'analyse des risques. Notre équipe se fonde sur les informations dont elle dispose, ainsi que sur les déclarations concernant la provenance de la marchandise – qui a vendu ça, qui a acheté ça, d'où ça vient ? Si les éléments convergent, on passe alors le conteneur au scanner. Pour cela, la coopération entre police et douanes est décisive. »

Selon Kristian Vanderwaeren, ces mesures préventives produisent des effets qu'il n'est jamais facile d'anticiper. La traque de la cocaïne dans les grands ports industriels d'Europe du Nord se perfectionne chaque année, en même temps que les méthodes des trafiquants. Toutefois, lorsque la répression gagne en efficacité, les flux internationaux contournent l'obstacle. Un niveau élevé de saisies à Rotterdam peut infléchir durablement les circuits d'acheminement vers d'autres ports européens plus modestes, moins surveillés. C'est la logique des vases communicants. Les outils d'interception ne cessent de s'améliorer, mais la volatilité des saisies reste par essence un phénomène complexe à déchiffrer. Certains, pourtant, s'y sont essayés, et leurs conclusions sont surprenantes.

Les eaux profondes de la narco-économie

Né en Argentine, installé aux Pays-Bas comme chercheur dans les années 1990, Damian Zaitch s'intéresse très vite aux milieux latinos présents sur le sol batave et liés au commerce de la cocaïne. Grand gaillard au crâne rasé, au sourire enjôleur et aux mains volubiles lorsqu'il s'exprime, Zaitch est un analyste chevronné du narcotrafic. Des années durant, il écume les lieux où se retrouve la diaspora : églises, bars à salsa, et fréquente les prisons pour recueillir la parole de trafiquants colombiens incarcérés. En homme de terrain, patient, pratique, il veut toujours partir des bases : qui s'investit dans le trafic et comment ? Quelles sont les routes utilisées ? La très forte croissance du business international de la cocaïne depuis le milieu des années 1990 lui a offert un champ d'observation de choix. Ce terrain de recherche, il l'étudie pour ce qu'il est : un marché, fondamentalement régi par l'ajustement entre offre et demande. L'occasion pour le chercheur argentin de dresser deux constats. Le premier, c'est l'atomisation du marché. « Les trafiquants originaires de Cali que j'interviewais ne se connaissaient pas entre eux. À l'époque, il y avait plus de 400 réseaux opérant à partir de cette ville pour exporter la cocaïne ! » Le second constat est encore plus parlant : depuis trente ans, la demande (la consommation) a certes augmenté très significativement, mais l'offre (la production) a crû dans des proportions infiniment supérieures. La raison majeure de ce décalage : les saisies.

Ce paradoxe, qui n'est qu'apparent, est une clé de l'analyse de Damian Zaitch : « Dans les années 1990, peut-être 10 % de la cocaïne produite étaient interceptés. En 2024, si vous regardez les rapports de l'Unodc (Office des Nations unies contre la drogue et le crime), plusieurs indicateurs tels que les niveaux de production, de saisies et d'usage le montrent clairement : un volume nettement supérieur de la cocaïne produite n'arrive pas à destination. » Les chercheurs ne disposent pas d'estimations réellement indiscutables sur ce point, mais les taux de perte, qui semblent à la limite de l'invraisemblable, ne sont pas très éloignés de ce que l'on observe sur le marché de l'alimentation, où 40 % des produits mis sur le marché finissent à la poubelle. Les pertes augmentent et, pourtant, remarque le chercheur argentin, le niveau de prix n'augmente pas, bien au contraire. Pourquoi ? Parce que plus les interceptions de cocaïne progressent, plus la production augmente. « Un narco colombien vous dira : "J'ai perdu une cargaison ? Pas grave. Je passe un coup de fil et je renvoie une nouvelle cargaison. Elle se fait saisir ? Je renvoie un chargement. Et on continue de renvoyer tant qu'il y a des saisies." Si, à la sixième tentative, la marchandise finit par passer, vous restez financièrement gagnant. » Pour s'en convaincre, il suffit à Damian Zaitch de regarder le prix d'achat en Amérique latine et le prix de vente en Europe. « La cocaïne est un produit très peu cher à produire, pour peu qu'on le compare au prix final de revente dans la rue. Le prix – élevé – que le consommateur paie n'est pas à rapporter au coût de la fabrication, mais à la facturation par le trafiquant du risque encouru en acheminant le produit. »

Ce constat est au cœur de tout. Il imprime le mouvement de la machine infernale qui se met dès lors en place : davantage d'interceptions entraînent davantage de production. L'offre a un unique objectif, fondamental : ne jamais être inférieure à la demande – ce qu'elle réussit toujours à faire, quand bien même cette demande est en expansion constante au niveau mondial. Dans les années 1990, la cocaïne était produite dans le Sud et consommée dans les pays occidentaux. Aujourd'hui, un quart de la cocaïne est consommé sur des marchés émergents du fait de l'arrivée de nouvelles générations de consommateurs, essentiellement les nouvelles classes moyennes nées avec l'expansion économique. Quant à la baisse significative de la consommation aux États-Unis entre 2015 et 2025, elle a été plus que compensée par l'essor de la consommation en Europe, qui représente aujourd'hui un quart du marché mondial.

Ce dynamisme de l'offre serait-il à mettre au compte d'une stratégie organisée, planifiée, centralisée à l'échelle globale ? « Impossible, répond Damian Zaitch, pour la simple raison que personne n'a la main sur le marché de la cocaïne. » Dans les années 1980-1990, on a beaucoup évoqué les « cartels » colombiens, ceux de Medellín ou de Cali notamment. Reprenons la définition économique et juridique du cartel : une entente occulte aux yeux de la loi entre entreprises concurrentes dans le but d'influer illicitement sur les volumes de production et de prix. L'existence de grands cartels internationaux, comme celui du pétrole ou du diamant, montre que des cartels peuvent exister et être reconnus comme tels mais, dans la plupart des pays, des lois antitrust visent à prévenir les ententes illicites qui faussent les termes du marché, qu'il s'agisse du secteur des travaux publics, des assembleurs de véhicules de transport ou des entreprises de télécom.

Or, avec la cocaïne, la notion de cartel n'a guère de sens, sinon aucun. Le marché est bien trop parcellisé pour qu'aucune entente de quelque ordre que ce soit puisse espérer voir le jour et peser significativement sur les volumes ou les prix. Il y a trop d'acteurs sur le marché, et la concurrence à laquelle ils se livrent est sauvage, au sens le plus littéral du terme. Pour Damian Zaitch, le marché de la cocaïne est un marché « libre », au sens où l'entendait Adam Smith, le théoricien du libéralisme au XIXe siècle. « L'État s'en est retiré. Personne ne paie d'impôts. Autant dire, la forme la plus aboutie de marché à laquelle peut rêver un néolibéral convaincu. » Le marché de la cocaïne est un marché sans maître.

La stratégie du prix

Depuis le début des années 1970 et la proclamation de la guerre à la drogue par le président étatsunien Richard Nixon, la stratégie des États repose sur un pari fondamental : lutter contre l'offre pour faire monter les prix, de façon à dissuader les consommateurs et donc à casser le marché. Or, explique Damian Zaitch, cette stratégie n'est pas opérante face aux drogues en général et à la cocaïne en particulier : « Les économistes ont montré que si le niveau d'interception était nul, le prix à la vente serait très bas. Ils ont aussi montré qu'il suffit d'un minimum d'interceptions pour que les prix grimpent. Les études montrent enfin qu'entre un niveau de confiscation de 10 % et un niveau de confiscation de 90 %, l'impact sur le prix de la cocaïne n'est pas très important. Le prix ne monterait fortement que dans un scénario invraisemblable où 95 % de la cocaïne serait interceptée, et donc dans un contexte où la demande excéderait de très loin l'offre. Or c'est l'inverse qui se produit. C'est l'offre qui excède structurellement la demande. Nous vivons une époque de surproduction de cocaïne. Pour cette seule raison, parier sur les confiscations pour espérer drainer le marché est une totale illusion. Les confiscations ne font au contraire qu'alimenter la production. »

D'après Damian Zaitch, il y a urgence à prendre conscience des effets pervers de la répression, à commencer par la violence extrême qu'elle engendre :

« Cette répression est la meilleure chose qui puisse arriver au business criminel. Elle garantit son existence et son profit. La façon dont nous traitons les drogues et la cocaïne est, en un sens, criminelle parce qu'elle crée de la violence. En Amérique latine, le véritable problème de la cocaïne n'est pas sa consommation, mais sa production et son trafic. Chaque année, les victimes se comptent par milliers. Et c'est là-bas que l'on enregistre le plus grand nombre de morts violentes. Cette drogue fait plus de morts parmi ceux qui vivent à proximité de ceux qui la produisent et la vendent que chez ceux qui la consomment. »

Pour s'en convaincre, il suffit d'observer ce qu'il se passe chaque fois qu'une grosse cargaison est saisie dans le port de Rotterdam : « La plupart du temps, poursuit Damian Zaitch, la saisie ne donne lieu à aucune arrestation puisque les douanes ont devancé les extracteurs. Une fois cette cargaison incinérée, la messe semble dite. Mais dans le pays d'origine, par exemple l'Équateur, cette saisie va déclencher une spirale de violence. » Ces dernières années, plusieurs massacres ont eu lieu entre gangs rivaux sur le port équatorien de Gayaquil, au point que la ville a été placée en état d'urgence en 2023. Une statistique produite par le groupe de recherche Insight Crime illustre cette spirale sans fin. Entre 2016 et 2023, le taux de saisie a été multiplié par trois en Équateur et, sur la même période, le taux d'homicide a été multiplié par neuf, passant de cinq à quarante-cinq victimes pour 100 000 habitants. Damian Zaitch :

« Avec la saisie, quelqu'un a perdu beaucoup d'argent ou doit rembourser cet argent, ce qui entraîne une vague supplémentaire de conflits entre criminels, donc un accroissement de la violence. Au final, une confiscation de drogues, quand elle n'est pas accompagnée d'autres types d'interventions sociales, par exemple des campagnes visant à dissuader les jeunes d'entrer dans le business, ne peut qu'échouer à atteindre l'objectif escompté : enrayer l'usage des drogues. »

Avec le temps, Jan Janse, le patron de la police portuaire de Rotterdam, et Kristian Vanderwaeren, patron des douanes belges, sont eux aussi arrivés à des constats similaires. Jan Janse : « Ces jours derniers, dix-neuf personnes ont été tuées lors un affrontement entre gangs rivaux en Amérique latine. Les guerres entre gangs ont fait 1 200 victimes ces dernières semaines. En 2023, en Équateur, cinq employés de maintenance sur un terminal ont été tués pour avoir refusé d'aider les criminels à placer des cargaisons dans des conteneurs. Démanteler des réseaux de trafic revient à traiter le symptôme mais pas la maladie. Nous devons aider des pays comme l'Équateur ou le Costa Rica à rester des pays démocratiques dans lesquels les organisations criminelles ne sont plus en mesure d'imposer leur loi. » Kristian Vanderwaeren, quant à lui, se décrit comme vivant entre le marteau et l'enclume : « On a d'un côté les trafiquants qui investissent avec succès dans l'augmentation de la production et qui, parallèlement, développent de nouvelles routes d'acheminement, hier la Colombie, la Bolivie, le Pérou, le Brésil, aujourd'hui l'Équateur, le Costa Rica, l'Argentine. Et on a, de l'autre, une société, un État qui nous ont chargés, mes services et moi, d'enrayer le trafic de stupéfiants. Or, dans cette même société, on constate une augmentation de la consommation de cocaïne. Et nous, pauvres douaniers, nous retrouvons au milieu de tout ça, face à un tsunami de production et de consommation. »

Un combat sans issue

En 2025, l'heure n'est plus à savoir si la guerre contre la drogue, telle qu'elle est organisée, a une chance d'aboutir un jour, mais plutôt à se poser cette question : est-elle seulement conçue pour aboutir ? Selon Damian Zaich, cette guerre a tout d'une guerre de religion : « C'est une guerre symbolique. Elle n'a pas de stratégie pour gagner, car tel n'est pas son objectif. Il importe en revanche qu'elle se perpétue indéfiniment car elle profite à beaucoup de gens. Aux trafiquants, bien sûr, mais aussi au système de justice pénale et aux pouvoirs publics qui font croire aux populations qu'ils font le maximum pour endiguer le fléau. Les opérations militaires en Amérique latine ou policières en Europe sont supposées traiter le problème alors qu'elles ne font que perpétuer un état de fait. Elles n'atteignent jamais leur objectif déclaré, qui est de réduire la consommation de ces drogues. »

En lieu et place de cette répression qui entretient ce qu'elle est censée combattre, les États et les sociétés gagneraient à repenser fondamentalement leur approche des drogues, la place qu'elles occupent dans la société, le commerce qu'elles génèrent. C'est une évidence pour de nombreux universitaires et chercheurs. Les contours des politiques publiques que cette nouvelle approche supposerait sont incertains, mais ils devraient faire l'objet d'un débat public. Damian Zaitch va jusqu'à imaginer des lieux où, comme pour le cannabis, on vendrait de la cocaïne à usage récréatif, mais en diffusant de l'information et avec une stratégie de réduction des risques. À court terme, il faudrait développer de telles approches, en supprimant, par exemple, la priorité accordée aux interceptions et à la chasse aux petits revendeurs.

Dans le volet répressif de la nouvelle stratégie globale qu'il appelle de ses vœux, Zaitch voit trois priorités : la corruption, le blanchiment d'argent et la violence. « Il faut empêcher les entrepreneurs illégaux d'entrer dans l'arène politique ou d'infiltrer les activités économiques légales. Parallèlement, il faut agir en amont pour réduire le niveau de violence plutôt que d'intervenir en aval en s'acharnant à traquer la cocaïne partout où elle se trouve. » Concrètement, cela suppose que la répression se concentre sur les entrepreneurs les plus violents, tandis qu'une certaine forme de tolérance, même si elle reste implicite, pourrait être accordée à ceux qui vendent la drogue sans engendrer de violence.

« C'est ce que fait la police aux Pays-Bas sans le déclarer publiquement, remarque le chercheur argentin. Elle met en place de nombreuses stratégies de réduction des risques. Elle laisse des petits dealers vendre leur produit tant que leur comportement reste pacifique. » Avec ce type d'approche, la police surveille mais n'intervient pas. Dès qu'elle intervient, en effet, la fragmentation s'installe et la violence s'accroît.

Damian Zaitch n'hésite pas à le dire : « L'objectif d'éliminer les drogues du paysage est illusoire. Nous devons apprendre à vivre dans des sociétés qui consomment des drogues. Et nous devons fixer des objectifs qui tentent réellement de réduire les dommages causés par ces substances, au niveau de la production, du trafic et de la consommation. Si l'on veut atteindre cet objectif, si l'on veut réduire les dommages, il faut penser autrement, sortir du paradigme de la guerre contre la drogue, en inventer un autre qui tienne compte du fait que la consommation ne diminue pas. Cela implique de réaffecter une partie des ressources consacrées à la lutte antidrogue, de redéfinir les priorités de la police et des douanes. Aux Pays-Bas, la police consacre la moitié de son temps à la drogue. Beaucoup de policiers s'en plaignent. » Certains d'entre eux ont discrètement mais résolument rejoint le LEAP (Law Enforcement Action Partnership), un réseau international d'échanges entre policiers et magistrats qui réfutent les logiques existantes et invitent à une remise à plat complète des dispositifs en place. Cet état d'esprit est partagé par beaucoup d'observateurs, d'experts et de fonctionnaires de la répression des stupéfiants, aussi bien chez les vétérans de la Drug Enforcement Administration (DEA) américaine que chez leurs homologues européens.

Au tournant des années 2020, pourtant, une vague d'euphorie a submergé – une fois n'est pas coutume – policiers, douaniers et magistrats européens. La raison : la vague de démantèlement des grands réseaux de communication et des messageries cryptés qu'utilisaient depuis des années les grands réseaux de narcotrafiquants (voir chapitre 3). Derrière la prouesse technologique, ce fut un coup de filet monumental, probablement le plus massif qu'ait jamais connu le continent : des milliers d'arrestations et de condamnations, des centaines de tonnes de cocaïne saisies, 1 milliard de dollars confisqués, des réseaux de corruption démantelés, des circuits de blanchiment inconnus soudain exposés au grand jour… Tous ceux qui, du côté des forces de l'ordre, ont participé de cette incroyable aventure savent qu'il est peu raisonnable d'espérer revivre un jour un tel moment. Et pourtant, l'euphorie fut telle que certains d'entre eux se prirent à croire qu'il était possible de terrasser l'hydre… Sans être naïf, Kristian Vanderwaeren a fait partie de ceux-là. En 2022, il se confiait au *New Yorker* : « J'ai pensé que ces opérations briseraient fondamentalement les organisations criminelles. Mais le tsunami a perduré et nous ne sommes toujours pas en mesure de l'arrêter. » Et pour cause, en quelques mois, de nouveaux réseaux criminels ont commencé à se reconstituer sur la ruine des anciens, assurant sans dommage la tâche cardinale des réseaux de narcotrafic : fournir, fournir, au point de rayer du vocabulaire le terme honni de « rupture de stock ».

S'il fallait un chiffre pour illustrer la vanité des États et leur incapacité à déstabiliser le marché de la cocaïne, ce serait celui du prix du gramme de cocaïne aux Pays-Bas. Depuis vingt-cinq ans, il est resté remarquablement stable.

2

Marengo, le procès du siècle

« Une bombe a été placée sous ma voiture !

Je ne vais pas me laisser tirer dessus ou me faire exploser pour un article.

Si vous cédez à la peur, alors... c'est la fin. Et demain, un autre journaliste sera menacé.

Si on n'écrit plus rien sur ces gens-là, alors ce sont eux les patrons ! Et ça c'est impossible ! »

Propos tenus à la télévision par Martin Kok [peu de temps avant sa mort], crime blogger *hollandais assassiné en 2016*

« *Wie praat, die gaat.* »
(« Celui qui parle meurt. »)

Devise de la « Mocro Maffia »

Un bunker sous le signe du T

11 mars 2021. Un bâtiment sans âme dans la commune d'Osdorp, à quelques kilomètres de l'aéroport international de Schiphol, à l'ouest d'Amsterdam. Un carré de béton sur deux niveaux, jadis une école, aujourd'hui un tribunal. Surnom : le « Bunker » – seul terme sans doute qui convienne à une structure aussi sèchement géométrique et minimaliste. C'est ici qu'après deux années d'instruction commence une pièce de théâtre à guichets fermés. Un spectacle sans spectateurs auquel ne sont conviés que les « professionnels de la profession ». Magistrats, journalistes et prévenus arrivent non pas à vélo, selon les bons usages de la paisible Hollande, mais par vagues successives, à bord de puissantes voitures sous escorte policière. Entre chaque vague, ce n'est plus le brouhaha de la sortie des cours qui occupe l'espace sonore extérieur, mais le vrombissement des drones et d'un hélicoptère, mitrailleuse pointée vers le sol.

À l'intérieur, vitres blindées obligent, rien ne filtre. Le Bunker comme son périmètre adjacent sont coupés du monde. Dans chacune des rues qui le bordent, policiers lourdement armés et militaires d'élite dûment cagoulés veillent au grain sous un ciel gris cimetière. Lorsque les portes du tribunal se ferment, le lieu de la manifestation de la vérité semble comme une prison paradoxale. Murs et baies vitrées à même de résister au tir à l'arme lourde ; caméras capables de détecter l'arrivée d'un drone explosif de la taille d'un bourdon en salle d'audience ; ventilation sécurisée pour prévenir toute attaque chimique ou bactériologique ; acoustique aménagée pour assurer la confidentialité des échanges, ceux qui pourraient coûter la vie… la justice hollandaise a voulu ici affirmer son autorité, et la chose est entendue : la sécurité règne. Mais, comme dans tout « Bunker » digne de ce nom, la peur rôde.

Le procès qui s'ouvre a, lui aussi, son nom, tout à fait officiel celui-ci : Marengo. Et il a tout d'une première en Europe. Lors du légendaire « maxi-procès de Palerme » contre Cosa Nostra au milieu des années 1980, témoins, repentis et magistrats s'exprimaient à visage découvert. À Marengo, la presse a pour consigne de ne pas révéler l'identité des magistrats et des avocats. Dans la salle d'audience, les seuls acteurs dont les noms sont connus sont les dix-sept prévenus. Et encore, la justice les désigne publiquement par leur prénom et l'initiale de leur nom.

Paul Vugts, journaliste au quotidien *Het Parool*, fondé en 1940 comme journal de Résistance pendant la Seconde Guerre mondiale, enquête depuis plus d'une vingtaine d'années sur le crime organisé hollandais. Bomber noir, crâne rasé, sourire doux, la sobriété voulue de ceux qui prêtent attention mais ne veulent pas la susciter, Vugts est un homme très enseigné, et, de ce fait, très exposé. S'il est familier des procès sous haute protection, il considère qu'aucun d'entre eux n'a jamais comporté de dispositif de sécurité comparable à celui de Marengo, procès « interminable » dont le journaliste garde un souvenir « horrible » : « Une atmosphère polaire du début à la fin. Une tension étouffante à chaque rebondissement criminel commis en dehors du prétoire, à chaque nouveau meurtre commandité par les prévenus pour intimider les témoins. Chacun se demande s'il sera le prochain sur la liste. » Pour Vugts, la question ne se pose plus. Entre 2017 et 2018, il a été le premier journaliste hollandais à bénéficier d'un programme de protection qui l'a contraint à déménager avec sa famille, à vivre 24 heures sur 24 sous la surveillance des forces spéciales et à circuler en voiture blindée pour le moindre déplacement.

La peur qui rôde à Marengo est née trois ans auparavant et restera tapie trois longues années encore. Elle tient à la personnalité du principal prévenu, un homme capable du pire pour préserver ce qu'il a de plus cher : son invisibilité. Un homme que les criminels eux-mêmes désignent en faisant avec leurs mains le signe du T, première lettre de son nom de famille. En juin 2018, le magazine *Panorama* et le quotidien *De Telegraaf* vont payer cher pour avoir publié des enquêtes sur ses activités. Le siège du magazine subit une attaque nocturne au lance-roquettes suivie, deux jours plus tard, d'un assaut à la voiture-bélier contre les locaux du quotidien. C'est ainsi que l'homme invisible fait son entrée, proprement fracassante, dans l'espace public hollandais. Cet homme s'appelle Ridouan Taghi. Ses domaines d'activité : le trafic international de cocaïne et le meurtre.

Six années de peur, donc… Mais quelle infortune a frappé, quelle foudre a rompu le calme dont jouit habituellement le pays du clair-obscur ? À l'abri de la mer derrière ses digues, le royaume des Pays-Bas ne convoque-t-il pas l'imaginaire charmant de la carte postale ? Tulipes, fromages, moulins, marais et canaux n'offrent-ils pas le cadre le plus tranquille qui soit aux déambulations dominicales, celles qui vous amènent, pour parcourir un village, à passer de petits ponts de bois en petits ponts de bois, en se collant aux rambardes de métal noir à chaque vague de vélos ? Il y a du mystère dans le spectacle de ces lourds et placides, mais si fringants, vélos hollandais. Comment le Hollandais peut-il aller si vite en pédalant si peu ? Serait-ce dans cette lenteur rapide des hommes et des choses que réside le secret du *soft power* batave ? Et puis, le Plat Pays, paradis des botanistes, n'est-il pas aussi l'endroit le plus *cool* du monde pour les amateurs d'une autre forme de déambulation, autrement euphorisante, la récréation cannabique ? Est-ce de l'humour ou du pragmatisme si, dans un pays situé au niveau de la mer, un hasch de légende a pour nom *Zero Zero* ? Comment le tragique a-t-il pu surgir de ce clair-obscur d'apparence si paisible ? Difficile de ne pas se poser ces questions quand on se retrouve devant la brutaliste façade du « Bunker ».

Il y a un an seulement, dans ce même Bunker, on pensait avoir atteint un sommet judiciaire avec la énième comparution du légendaire voyou Willem

Holleeder. Là aussi, des mesures de sécurité maximales avaient été déployées en raison de la dangerosité du prévenu, de sa capacité à orchestrer des représailles depuis sa cellule. Mais c'était un bandit à l'ancienne, qui avait débuté dans la carrière en 1983 avec le kidnapping de Freddy Heineken, le magnat de la bière. Montant de la rançon : 35 millions de florins, près de 16 millions d'euros actuels, versés et en partie récupérés – un petit quart seulement – à la fin d'une cavale sur la partie française de l'île caribéenne de Saint-Martin. Une affaire criminelle qui a tout d'une affaire de famille : Holleeder avait agi avec son beau-frère. Plus intéressant, son propre père, ancien cycliste pro, était le chauffeur personnel du millionnaire avant de sombrer dans l'alcool, d'être congédié, puis de se suicider. Ce n'est toutefois pas la vengeance qui animait Willem Holleeder, dit « Le Nez » (*De Neus*), mais le simple appât du gain. Après une première peine purgée entre 1984 et 1992, Holleeder a pris perpétuité en 2019 pour avoir commandité cinq assassinats, dont celui de son beau-frère, refroidi devant un restaurant de la banlieue d'Amsterdam en 2003. Aux Pays-Bas, la saga Holleeder s'écrit comme une série TV : extorsions, blanchiment d'argent, contrats depuis la prison, sans oublier la trahison familiale lorsque la sœur témoigne contre le frère sur la base d'enregistrements clandestins. Coïncidence ? Willem Holleeder a en commun avec Ridouan Taghi, le prévenu de Marengo, une détestation, celle de Peter R. de Vries, le plus célèbre des journalistes criminels hollandais. Les points communs s'arrêtent là.

À Marengo, on entre dans un autre monde. D'après Paul Vugts, il y a « un avant et un après Marengo » dans l'histoire criminelle hollandaise. Le journaliste n'a pas oublié le jour où Taghi a comparu pour la première fois : « Il avait l'air normal d'un gars d'origine marocaine. Mais on voyait que les procureurs et les juges avaient peur. Certains avocats aussi, sans parler des membres du jury. Quant aux autres accusés, ils étaient manifestement intimidés par cette présence. Personne n'osait prendre la parole, dire quoi que ce soit qui puisse lui nuire. Il leur arrivait de répondre à des questions annexes, sur le futur qu'ils envisageaient après la prison. Mais ils évitaient de parler du dossier, surtout quand Taghi était là à l'audience. La peur a régné tout au long de ce procès, et vous ne trouverez personne qui vous dira qu'il était pressé de voir arriver la prochaine session. »

Meurtres et guillemets

Marengo est un nom aléatoirement choisi par un logiciel de la police pour baptiser l'enquête préliminaire, comme le veut la procédure aux Pays-Bas. Il a pourtant ceci de cocasse qu'il désigne aussi un tissu gris foncé de jolie qualité – avec un envers et un endroit. Les accusations principales concernent l'endroit, le visible, c'est-à-dire l'implication des prévenus dans une litanie d'assassinats (ayant parfois échoué) perpétrés entre 2015 et 2017 – mais d'autres assassinats imputables aux prévenus ont été commis avant et seront commis après ces dates. L'éventail des cibles est large : rivaux, lieutenants ayant doublé leurs patrons, balances. Et, pour les prévenus, est balance toute personne qui, même au-delà du cercle criminel, ose parler. Sont ainsi visés les témoins et leurs familles, mais aussi les journalistes. Viendront ensuite les magistrats, les responsables politiques, une princesse. Marengo n'est pas un « procès stups ». Les prévenus ne sont dans le box que pour tentatives de meurtre ou pour les meurtres qu'ils ont commis ou commandités.

Ces hommes usent de la violence d'une manière aussi extrême qu'approximative. Ils échouent souvent à atteindre leur cible et, quand ils l'atteignent, ce n'est pas toujours la bonne. Ainsi, en janvier 2014, on découvrait Mohammed Alarassi, étudiant de vingt-deux ans, *vermoord* (assassiné) sur le parking d'un club de foot en salle d'Amersfoort, près d'Utrecht. Les tueurs, qui visaient un certain « Babbel », narco de trente-huit ans, ont envoyé un SMS à la famille pour l'informer de leur bévue. Le chagrin est-il moins lourd quand on sait que le fiston n'était pas une crapule ? « Babbel », lui, sera *vermoord* à son tour quelques mois plus tard. Beaucoup de ratages similaires auront lieu dans les années qui suivront.

En 2014, les Pays-Bas ont recensé 38 meurtres imputables au monde de la pègre. Ce n'est pas un chiffre extraordinairement plus élevé que ce que le pays a connu dans les décennies précédentes, mais cela constitue néanmoins un record absolu dans l'histoire du crime organisé hollandais. Cette année-là, un livre de journalistes a mis un mot sur la peur qui s'est emparée du pays : « Mocro Maffia ». Le terme a tout de suite connu une large diffusion. On notera juste, et ce n'est pas un détail, qu'aux Pays-Bas, spécialistes du crime organisé, magistrats, criminologues, policiers, douaniers et journalistes ne l'emploient jamais sans y ajouter des guillemets, signe de leur scepticisme sur sa pertinence.

« Mocro Maffia » ou pas « Mocro Maffia », il arrive bien sûr que les tueurs atteignent leur cible : Ronald Bakker, cinquante-neuf ans, fut ainsi retrouvé *vermoord* devant chez lui en septembre 2015. C'était un employé de Spyshop, un magasin d'équipement de surveillance électronique où les hommes de Taghi s'approvisionnaient régulièrement en balises-espionnes à placer sous les voitures et en Blackberries équipés du système de communication cryptée Pretty Good Privacy (PGP)... Bakker avait été jugé trop loquace sur les mœurs électroniques de sa clientèle avec de faux clients envoyés par Taghi. L'affaire, traitée en marge du procès Marengo, verra la condamnation de deux tueurs de Taghi. Puis il y eut Samir Erraghib, ancien membre des Bad Boys d'Utrecht, le gang de jeunesse de Taghi, considéré comme une balance : *vermoord* en avril 2016 dans son véhicule devant sa fillette de sept ans, en face de leur domicile d'Ijsseksrtein, dans la province d'Utrecht. Un Monténégrin, du nom de Ranko Šćekić, le suit dans la tombe en juin 2016 alors qu'il s'apprête à témoigner sur la découverte en juillet 2015 d'un arsenal dans une planque du clan Taghi près d'Utrecht. On aura l'occasion de reparler de cette saisie d'armes, l'une des plus importantes jamais faites aux Pays-Bas selon le procureur en charge du dossier. Ce jour-là, la police met également la main sur des clés USB contenant des documents préparatoires à plusieurs assassinats visant des avocats, des témoins et des journalistes.

Le prochain sur la liste fut un personnage public et un personnage tout court : Martin Kok, ancien truand et assassin devenu *crime blogger* durant son incarcération, activité qu'il a poursuivie avec succès à sa libération. C'est sur son blog, très suivi dans l'*underworld* comme chez les journalistes, qu'est apparu pour la première fois le nom de Ridouan Taghi. En juillet 2016, Kok échappe à une bombe placée sous sa voiture grâce à un témoin fortuit ayant observé des allées et venues suspectes devant le véhicule. Le 8 décembre, le *crime blogger* sort d'un hôtel en grande conversation avec une de ses sources. Les deux hommes partent dans la nuit tombante. La caméra de surveillance de l'hôtel montre un homme qui s'approche, lève le bras, tire, puis s'enfuit. Kok, tout à sa conversation, continue à cheminer sur le pavé. Il n'a rien remarqué, ni le tueur ni le bruit de l'arme qui s'est visiblement enrayée. Le soir même, il est au Boccaccio, un club érotique qu'il affectionne dans la bourgade de Laren, à l'est d'Amsterdam, toujours en compagnie de sa source. Lorsqu'il en sort quelques heures plus tard, l'homme qui l'attendait sur le parking tire. L'arme, cette fois, ne s'enraye pas.

L'enquête déterminera que le tueur a été renseigné par l'homme avec lequel Kok a passé la soirée, un Écossais membre d'un gang allié au clan Taghi. Âgé de trente-trois ans, le Judas sera condamné en 2022 à la prison à vie par la justice écossaise. Lors des funérailles du flamboyant blogueur, où les participants sont passés au détecteur de métal, le cercueil est conduit par un aréopage d'*escort girls* aux brunes chevelures, en tuniques de crêpe fendues jusqu'à la taille, offrant à l'assistance éplorée le spectacle de cuisses élégamment gainées de soie noire. Posé sur le cercueil qui descendait dans la fosse, un verre de champagne. Épicurien jusque dans la tombe.

L'homme qui n'existait pas

Si dresser la liste complète des crimes commandités par Ridouan Taghi relève de la gageure, sa vie en revanche n'a plus grand secret pour les médias hollandais. À l'occasion du procès Marengo, reportages, vidéos YouTube, séries télé et même roman graphique[1] racontent le parcours de l'ennemi public numéro 1 du pays.

1 Marieke de Witte, *Marengo, het beeldverslag*, Uitgeverij L, 2024.

Parcours tristement classique d'une nouvelle génération de trafiquants qui se fait sa place sur le marché en pleine croissance de la cocaïne. Né en 1977 dans un petit village du Rif marocain, arrivé à l'âge de trois ans avec sa famille à Vianen, commune pauvre de l'agglomération d'Utrecht, Taghi est un garçon dont les aptitudes scolaires sont reconnues mais qui lâche ses études après un bref passage à l'Université. Lui et sa bande ont mieux à faire. Vols de voitures et vente de hasch font l'ordinaire de celui que bientôt plus personne n'ose surnommer « Le Petit ». Sa famille paternelle cultivait le cannabis dans le Rif ; lui en fait son premier trafic d'envergure en important le cannabis marocain en Europe *via* l'Espagne pour le compte de trafiquants d'Amsterdam et d'Utrecht. Il passe au trafic de cocaïne dans les années 2000, précisément au moment où les trafiquants latino-américains inventent une nouvelle route de la cocaïne, qui passe par l'Afrique puis remonte vers le Maroc pour accéder au marché européen. Et Taghi, qui a compris le rôle fondamental de la logistique dans le narcobusiness, entend faire prospérer cette route, de concert avec son bras droit, le fidèle Saïd Razzouki, lui aussi dans le box à Marengo. En 2005, selon les informations qui circuleront une décennie plus tard dans la presse néerlandophone, Taghi est déjà capable d'importer aux Pays-Bas, *via* le Maroc, une tonne de cocaïne par mois chargée au Panama.

Cette ascension criminelle des plus rapides a ceci de remarquable qu'elle se fait dans l'anonymat le plus complet jusqu'en 2015, lorsque son nom est révélé publiquement. Jusqu'à cette date, hormis des délits mineurs de jeunesse, la justice n'a absolument rien sur Taghi. Il n'existe pas. Ou plutôt, il n'existe plus, car l'homme a disparu depuis longtemps des registres de l'état civil hollandais. Il est l'un des premiers, sinon le premier parmi les criminels de sa génération, à avoir officiellement demandé (et obtenu) sa radiation des registres au motif de l'« émigration ».

Cette ascension-émigration passe d'autant plus facilement sous le radar que d'autres criminels de la nouvelle génération du crime sont en revanche très voyants. Le plus fameux d'entre eux est un certain Gwenette Martha, première figure de ladite « Mocro Maffia ». Son parcours est au gramme près celui de Taghi, mais avec deux différences notables. Martha n'est pas originaire du Maroc mais des Antilles néerlandaises. Et puis, surtout, Martha a choisi de rester aux Pays-Bas, où ses différents séjours en prison à la fin des années 2000 déchaînent une guerre fratricide et sanguinaire qui lui sera fatale. En 2014, Martha tombe sous les balles d'un tueur. Son petit empire ne lui survit pas. Étrange « Mocro Maffia », dont le personnage emblématique n'est pas marocain et dont la structure disparaît avec lui. Le profil inverse d'une mafia, homogène ethniquement et culturellement, et dont la principale force est d'être organisée de manière à ne jamais mourir.

Si la mort de Martha signe la fin de ce que l'on pourrait appeler la première génération, Taghi n'en a cure, l'œil déjà rivé sur d'autres horizons. Dans sa ligne de mire, un Rifain, discret comme lui. Un homme qui a, lui aussi, préféré quitter les Pays-Bas à la fin des années 2000 pour travailler en toute tranquillité. Quelqu'un qui veille à ne pas apparaître sur les réseaux sociaux, dont aucune photo ne circule. Installé sur la Costa del Sol, cet homme est lui aussi actif dans le trafic de cocaïne transitant par l'Afrique pour arriver en Espagne. Un clône ? En fait un concurrent, à qui l'on prête une fortune de près d'un milliard d'euros. Cet homme est balafré, d'où son surnom : Scarface. Surnom alors inconnu de la police hollandaise, qui ne connaît pas plus son vrai nom, Samir Bouyakhrichan. En août 2014, à Benahavis, dans la province de Malaga, à son retour de la plage, Scarface s'attable dans un restaurant avec un homme de Taghi du nom de Nouaffal Fassih, dit Le Ventre (The Belly), du fait sans doute de sa corpulence ogresque. Le repas tourne au vinaigre, Scarface reçoit une baffe, tente de s'enfuir. Des hommes armés bloquent la sortie et le tuent. Proche parmi les proches de Taghi, Le Ventre s'est fait une spécialité de ce que les Hollandais appellent *liquidatie*, les exécutions. Parmi ses victimes du moment, un opposant iranien réfugié aux Pays-Bas, qu'il fait assassiner en décembre 2015 pour le compte de la République islamique. Mais ses cibles habituelles sont à chercher parmi les narcos. Bref, quand Scarface tombe, Taghi n'a plus de rival à sa hauteur.

Un « Boucher » correcteur d'orthographe

Mais le goût du sang demeure, insatiable. Ridouan Taghi a une nouvelle cible en vue : un autre rival. Un cave, au regard de ses standards, mais le cave a décidé de se rebiffer. Lui aussi a un surnom hérité de son père, qui tenait l'une des premières boucheries halal des Pays-Bas. On l'appelle « Le Boucher ». En juillet 2015, Le Boucher se rend à la police hollandaise et déclare qu'un homme en veut à sa vie. Les policiers lui montrent des photos de figures connues de la pègre locale. Le Boucher ne reconnaît pas le visage qu'il attend, celui de l'homme qui en veut à sa vie, le commanditaire des règlements de comptes récents, un homme qui pèse d'un poids énorme dans le monde du trafic de cocaïne. Son nom : Ridouan Taghi. Les policiers n'en ont jamais entendu parler. Au point de se tromper en l'écrivant. Le Boucher corrige l'erreur d'orthographe. L'homme qui n'existait pas est désormais dans les phares de la police.

La traque commence. Elle va durer quatre ans, et quatre ans durant Taghi et la police hollandaise vont se rendre coup pour coup. Tout commence de façon classique pour les unités spécialisées de la police hollandaise. D'abord, poser un filet autour de la cible, puis resserrer les mailles. Les premières investigations portent sur les puissantes voitures volées qu'utilisent les criminels pour leurs *liquidaties*. Comme le raconte Wouter Laumans, l'un des co-auteurs du livre *Mocro*

Maffia : « La police hollandaise remonte la piste des voitures. On n'est pas dans la logique "follow the money", "follow the drugs" ou "follow the gun", mais "follow the cars". » C'est la traque d'un de ces véhicules qui va conduire en juillet 2015 à la sensationnelle saisie d'armes évoquée plus haut. Dans deux box de stockage près d'Utrecht, la police trouve 26 fusils automatiques, 61 armes de poing, 9 grenades, 4 000 munitions et des gilets pare-balles. De quoi équiper une petite armée… dans un pays qui compte seulement une arme pour cinquante habitants. C'est cette saisie qui, deux mois plus tard, va coûter la vie à Ronald Bakker, l'employé jugé trop loquace du Spyshop, puis, au cours de l'été suivant, au Monténégrin Ranko Šćekić.

Entretemps, de l'autre côté de la frontière, une autre découverte s'avère encore plus intéressante. La police belge, qui enquête sur des fusillades liées au trafic de cocaïne dans le port d'Anvers, interpelle en 2016 un nombre inhabituel de suspects utilisant des Blackberries cryptés. Des appareils disposant du logiciel de chiffrement PGP Safe, dont les contenus s'effacent subitement dans les heures qui suivent les arrestations, à la suite de l'activation à distance d'un *Kill Switch*. Il faudra attendre avant que ces Blackerries révèlent leurs secrets.

Et puis il y a l'arrestation du Ventre en avril 2016, à Dublin, lors d'une perquisition dans une planque du clan Kinahan, acteur majeur du commerce international des drogues. Lorsque les policiers débarquent, c'est Le Ventre qui ouvre la porte. Il est seul, se présente comme un visiteur de passage, affiche le plus grand calme lors de la fouille de l'appartement. Mais peut-on vraiment se dire « de passage » lorsqu'on a sur soi 13 000 euros en cash, trois montres de luxe d'une valeur globale de 9 000 euros, de coûteuses baskets de marque et deux faux passeports, l'un belge l'autre hollandais, avec deux noms différents ? L'analyse de ses empreintes digitales révèle qu'il compte parmi les criminels les plus recherchés du Plat Pays. Extradé vers les Pays-Bas, il y est jugé pour la série de meurtres qu'il a commandités ou commis, puis condamné à la perpétuité. Un mois seulement avant son arrestation, Le Ventre a ordonné une dernière *liquidatie*, la plus macabre de la décennie aux Pays-Bas. En mars, la police a en effet découvert un corps sans tête dans un minivan. La tête a été retrouvée le lendemain par un passant devant un bar à chicha d'Amsterdam. La victime, un jeune Hollando-Marocain de vingt-trois ans, s'appelait Nabil Amzieb.

Après l'arrestation du Ventre, Taghi décide de changer d'air. Cela fait quelques mois déjà que l'homme – qui a su tisser en quelques années sa toile entre quatre continents, détient les clés des grands ports belgo-néerlandais, a ses entrées au Suriname, en Colombie et circule avec de faux passeports entre la Belgique, le Maroc et l'Amérique latine – s'inquiète pour sa sécurité. Le 19 août 2015, il envoie un message crypté depuis le Maroc à l'un de ses lieutenants. Un message que la police déchiffrera plus tard, et qui trahit son inquiétude : « Les services secrets marocains sont à fond sur moi. Ils savent beaucoup plus que l'AIVD [le Service général de renseignement et de sécurité des Pays-Bas]. Ils me cherchent pour 32 assassinats. Ils ont retrouvé des armes. Le roi a donné l'ordre à la BCIJ [Bureau central d'investigations judiciaires marocain] d'enquêter à fond sur moi. Ces putains de Hollandais m'ont baisé. Je vais bouger d'ici. Je vais prendre un Zodiac et me réfugier en Espagne. » Taghi pose en fait ses valises dans l'émirat chéri des nouveaux riches de la poudre blanche : Dubaï. C'est de là qu'avec son principal outil de travail, son portable crypté, il coordonnera une énième campagne d'assassinats, dont celui du *crime blogger* Martin Kok. Un de ses messages décryptés par la suite livre une clé sur son état d'esprit du moment : « J'ai besoin d'un bain de sang et rien d'autre. »

Un mariage et beaucoup d'enterrements

L'année 2017 commence, c'est décidément une manie, par une histoire de meurtre raté. En janvier, une erreur de cible lors d'un énième contrat placé par Taghi conduit le responsable de l'équipe de tueurs à se rendre à la police pour éviter que le donneur d'ordre ne lui fasse la peau. Peut-être aussi par remords : la victime est un ami d'enfance qui l'avait invité au mariage de sa sœur. Le témoignage de cet homme, connu aux Pays-Bas sous le nom de Nabil B., remplit 1 500 pages de procès-verbaux qui détaillent par le menu les méthodes et les opérations du clan Taghi. Nabil B. indique aussi, et cela aura son importance, le numéro du téléphone crypté PGP Safe qu'utilise Taghi. Son témoignage sera l'une des pièces maîtresses du dossier de l'accusation à Marengo. Nabil B. devient au passage « témoin de la Couronne » (terme juridique utilisé aux Pays-Bas pour désigner un repenti).

Nabil ayant rompu tout contact avec le réseau, Taghi aurait toutes les raisons de se méfier et de faire profil bas. Et pourtant… en mai, il est toujours à Dubaï, où il assiste au mariage en grande pompe de l'aîné du clan irlandais des Kinahan au Burj El Arab, le joyau des joyaux des palaces de l'émirat. Les stups américains, qui disposent d'un informateur dans la cérémonie, identifient les participants à la noce. Parmi eux, le champion de boxe catégorie poids lourds Tyson Fury, mais aussi Raffaele Imperiale, narcotrafiquant italien lié à la Camorra, Edin Gacanin, narco bosniaque, et Ricardo Riquelme Vega, alias « El Rico », l'un des criminels les plus recherchés d'Europe. Chilien d'origine ayant vécu une partie de sa jeunesse à Amsterdam, « El Rico » est un très proche de Taghi, un rouage essentiel entre narcos d'Amérique du Sud, mafia napolitaine et groupes criminels hollandais. Le mariage est à l'évidence l'occasion d'un rendez-vous d'affaires d'un tentaculaire consortium international du crime. Ce groupe né dans l'ombre et désormais en pleine lumière, les polices américaines et européennes le baptisent « Super Cartel ». En réalité, plutôt un syndicat du crime où chaque associé, outre ses compétences particulières, apporte sa mise au capital dans une logique de partage du risque. Ce « Super Cartel » mondialisé pèserait, selon les estimations des autorités, entre un quart et un tiers du trafic de cocaïne en Europe.

Ces hommes sont riches mais l'argent ne fait pas tout. Il est autre chose, de plus profond, qui fait courir les narcos qui ont festoyé au Burj Al Arab, comme l'explique Jan Meeus, journaliste économique qui suit depuis vingt ans les prospères affaires du monde narco hollandais. Grand, crâne rasé, regard clair et froid, Meeus n'est pas seulement un amateur de faits et de chiffres, c'est aussi un chroniqueur averti, qui parle avec recul et toujours en contexte : « Il est une autre quête qui anime ce monde : l'excitation, la tension, l'adrénaline. Ces gens ont fait des fortunes avec le trafic de cocaïne. Mais quand on a 200 millions dans une banque à Dubaï, pourquoi risquer seize ans de prison pour glaner 20 millions de plus ? On peut s'accorder pour dire qu'il n'y a rien là de très rationnel. Il s'agit plutôt de profils de joueurs avides de ressentir la montée de plaisir qui accompagne chaque opération réussie. Et la montée est d'autant plus grande que le risque est élevé et que la victoire est là. Celle-ci ne vaut d'ailleurs que lorsqu'elle est associée à un risque. »

Boulette marocaine et rideaux tirés

Et ce risque, Taghi, toujours en fuite et tout à son obsessionnelle vendetta, va le prendre une fois encore. En novembre 2017, il donne le feu vert à l'assassinat d'un rival marocain, bras doit de feu Samir « Scarface » Bouyakrichan. L'affaire n'est pas si simple qu'il y paraît. Impossible de recruter des hommes de main au Maroc, un pays où porter une arme et commettre un meurtre sont assimilés à un attentat contre la personne du roi, commandeur des croyants. Taghi confie donc la tâche à deux Hollandais, l'un d'origine dominicaine, l'autre surinamienne. Leur cible est en tee-shirt blanc sur la terrasse d'un café, établissement qu'elle possède dans un quartier huppé de Marrakech. Elle sirote un thé avant de quitter la table. Quelques instants plus tard, un autre homme, également vêtu d'un tee-shirt blanc, s'assoit à sa place. Les tueurs, qui n'ont rien remarqué de ce va-et-vient, ouvrent le feu. La victime est un jeune étudiant en médecine et surtout le fils d'un juge, un notable du royaume. Émoi dans le pays. Outragé comme il fallait s'y attendre, le roi lance sa police aux trousses des tueurs et de leurs complices, prestement arrêtés, et fait de la capture du commanditaire une affaire personnelle. Taghi se fait un ennemi de plus au moment même où il dispose d'un allié de moins : en octobre, son associé « El Rico » a été arrêté au Chili, peu après son arrivée sur un vol en provenance de Dubaï. L'arrestation est rocambolesque : « El Rico », pisté par la police, est appréhendé alors qu'il pique un roupillon dans une voiture garée dans le parking souterrain de son hôtel. La police chilienne et la DEA, qui procèdent à l'arrestation, ont bénéficié de tuyaux des Pays-Bas. Extradé vers le Plat Pays, « El Rico » y est aussitôt incarcéré.

Les deux ans qui vont suivre sonnent comme un compte à rebours. En mars 2018, l'annonce publique est faite de la collaboration de Nabil B., le tueur à gages repenti, avec la justice hollandaise. Faute de pouvoir l'atteindre lui-même, Taghi s'en prend à son entourage. Le premier à en faire les frais est le frère de Nabil, quarante et un ans, assassiné une semaine à peine après l'annonce. Il est tué à bout portant dans l'agence de marketing qu'il possède à Amsterdam par un homme venu pour un entretien d'embauche. La vidéosurveillance enregistre l'arrivée du tueur et facilite son arrestation, qui interviendra rapidement. Complètement extérieur aux activités mafieuses de Nabil B., son frère ne souhaitait pas de protection particulière.

La deuxième victime dans l'orbite de Nabil B. n'est rien de moins que son avocat, Derk Wiersum, quarante-quatre ans, assassiné le 18 septembre 2019 devant son domicile d'Amsterdam. Pénaliste de stature internationale et trésorier d'une association offrant une assistance juridique aux condamnés à mort du monde entier, Wiersum était pisté et ignorait que le condamné à mort du moment, c'était lui. Là encore, les deux assassins sont arrêtés, ainsi que l'organisateur du meurtre, qui n'est autre que le cousin de Ridouan, une petite frappe que n'aura pas calmé sa pratique ancienne du kick-boxing professionnel. La société néerlandaise est sous le choc de la mort du grand pénaliste : avec l'élimination d'un avocat, c'est l'État de droit que les narcos attaquent maintenant de front.

Sous la pression de leurs homologues marocains et hollandais, les autorités dubaïotes se résignent à agir. En décembre 2019, Taghi est arrêté dans une villa de la capitale où il vivait depuis 2016 sous passeport d'emprunt et dont il ne sortait jamais ni ne tirait jamais les rideaux. Deux mois plus tard, son bras droit, Said Razzouki, est arrêté à Medellin puis extradé à son tour vers les Pays-Bas. Les Émirats arabes unis n'ayant pas de traité d'extradition avec ces derniers, c'est sur le motif d'entrée illégale sur le territoire que Taghi est expulsé vers le pays de son enfance, trois jours après son arrestation. À son arrivée aux Pays-Bas, le visage tuméfié, il déclare que la police de Dubaï l'a laissé pendant deux jours entre les mains de la police marocaine qui l'aurait tabassé et passé au taser. Sans doute une amabilité de l'émir de Dubaï envers son ami le roi, qui n'a pas oublié le tragique quiproquo de Marrakech. Le genre de choses qui se font entre souverains…

Cousin Youssef et la mante religieuse

Quand Taghi est incarcéré dans la prison de haute sécurité de Vught, dans le Nord-Brabant, il est aussitôt placé à l'isolement pour s'assurer qu'il ne puisse piloter ses opérations depuis sa cellule. Mais le détenu dispose d'avocats, parmi lesquels un enseignant à la faculté de droit d'Amsterdam qui, en mars 2021, se voit accorder l'autorisation de le prendre comme client. Si la justice a initialement tiqué sur le choix de cet avocat, c'est en raison de son patronyme. Il s'appelle Youssef Taghi, et n'est autre que le cousin du prévenu. Entre mars et octobre, les deux hommes se rencontrent en prison à quatre-vingt-dix-huit reprises, jusqu'au jour où la justice découvre que le cousin assure la communication entre Ridouan et ses associés, allant jusqu'à prêter son concours à un fort optimiste plan d'évasion.

Le 8 octobre 2021, Youssef est arrêté lors d'une visite. « On ne dit pas non à Ridouan Taghi », déclarera-t-il aux enquêteurs. En janvier 2023, l'avocat marron est condamné à cinq ans et demi de prison pour son rôle actif dans l'organisation criminelle de son cousin, qu'il peut remercier pour l'avancement de sa carrière. On comprend les réserves initiales du monde de la justice quant à la défense de Taghi par un membre de sa famille. D'autant qu'à l'extérieur, le carnage continue. Petit retour en arrière : une fin d'après-midi de juillet 2021, le célèbre journaliste Peter de Vries, confident du « témoin de la Couronne » Nabil B., tombe sous les balles en plein cœur d'Amsterdam et meurt neuf jours plus tard. Il avait déclaré être lui aussi sur la liste des personnes à éliminer de Ridouan Taghi. Les tueurs, qui avaient célébré leur acte sur leurs messageries cryptées, se font très vite arrêter. Ils n'avaient pas prévu de plan de fuite. Début 2022, Le Boucher, l'homme qui en 2015 a révélé l'existence de Ridouan Taghi à la police, est assassiné à Cadix.

Et puis surgit la stupéfiante et inédite arrestation de la nouvelle avocate de Taghi, Inez Weski. En avril 2023, cette sulfureuse pénaliste – look gothique et yeux cerclés de khôl telle une mante religieuse des prétoires – est soupçonnée d'avoir facilité l'échange d'informations entre son client, des membres de son clan en liberté et des barons internationaux de la cocaïne, comme Raffaele Imperiale, l'homme de la Camorra. Le coup de théâtre entraîne une suspension de plusieurs semaines du procès, le temps que la défense de Taghi se réorganise. Cet égarement déontologique vaut un mois et demi de détention à la pénaliste, qui, dix ans plus tôt, recevait le prix politique de femme « libérale de l'année 2011 » pour son combat « contre le déclin de l'État de droit ». À sa sortie de prison, elle publie un livre à charge contre la justice de son pays où elle pointe la cruauté du traitement enduré dans « une cellule digne de Guantanamo ». En février 2024, le ministère public néerlandais annonce l'ouverture d'une procédure à son encontre pour participation à une organisation criminelle. Comme il le révèle lors de l'audience préliminaire du procès, l'avocate a échangé 8 000 messages cryptés avec le fils de Ridouan Taghi, Faissal, lui-même arrêté à Dubaï à l'automne 2023 puis extradé quelques mois plus tard vers les Pays-Bas pour trafic de drogue et traite d'êtres humains. Huit mille messages… Le père et le fils avaient bien des choses à se dire. À l'issue de l'audience préliminaire, Taghi, ses associés et ses avocats découvrent, abasourdis, ce qu'ils ignoraient : la police sait tout d'eux, et depuis longtemps.

Le 27 février 2024, au Bunker d'Osdorp, le procès de Marengo rend son verdict. Les principaux accusés, Ridouan Taghi et son bras droit Said Razzouki, sont condamnés à la perpétuité. L'histoire va désormais s'écrire sans eux.

La vérité sort de la bouche des portables

Si les confessions de Nabil B. ont largement contribué à lever le voile sur l'*underworld* version Taghi, le second élément clé du procès Marengo concerne non pas l'humain, mais son meilleur ami : le téléphone portable. Cela fait plusieurs années que, dans le plus grand secret, les polices européennes, américaine et australienne ont en ligne de mire l'outil de travail le plus précieux des trafiquants : leurs téléphones cryptés. Ceux que l'on retrouve par dizaines au moment des arrestations lors des saisies d'armes ou de drogues.

En 2016, les polices occidentales s'attaquent aux compagnies de technologie qui, tout à fait légalement, commercialisent ces logiciels de communication cryptée qu'utilise Ridouan Taghi. Le réseau Ennetcom est le premier à être démantelé et à voir ses serveurs saisis. 3,6 millions de messages sont ainsi décryptés par la police hollandaise. En 2017, c'est au tour du réseau PGP Safe, basé au Costa Rica, de subir le même sort.

Les informations obtenues grâce au décryptage de ces plateformes vont jouer un rôle essentiel dans les dossiers judiciaires relatifs au narcotrafic aux Pays-Bas, et tout particulièrement lors du procès Marengo. Ennetcom et PGP Safe, que les policiers ont craquées, contiennent des messages extraordinairement violents qu'échange Taghi avec ses hommes sur les liquidations en cours. Le décryptage des millions de messages circulant sur ces plateformes va jeter une lumière inédite sur ce qui, outre la résilience de son business model, fait la force du narcotrafic : ses modes opératoires. Et les polices ont d'autant plus de raisons de rester discrètes sur la manne inestimable d'informations accumulées qu'en 2019, elles sont déjà sur la piste de deux autres plateformes de communication cryptée, infiniment plus intéressantes que les précédentes, si l'on se réfère au nombre de narcos qui s'y côtoient.

3

La saga des réseaux cryptés

« Je rêve de posséder un pays et je suis proche d'y parvenir. »

Message d'un narco,
décrypté par la police

« C'est une histoire vraie, pas le produit de l'imagination, et elle reflète bien la porosité au crime du monde dans lequel nous vivons. »

Commentaire sur ce message crypté
de Jari Liukku, chef de la police
d'Helsinki, ancien d'Europol

Communiquer sans être intercepté : cette question de survie a longtemps conduit les réseaux criminels à éviter les canaux ordinaires. Ainsi, Bernardo Provenzano, le boss de Cosa Nostra dans les années 1990, avait-il recours à des *pizzini*, minuscules bouts de papier portant des messages cryptés. Par son archaïsme même, une telle méthode mettait au défi les enquêteurs les plus vigilants. Les récentes évolutions des technologies ont ouvert de nouvelles opportunités aux organisations criminelles. Comment faire circuler les millions de messages nécessaires à la vie d'un réseau de narcotrafic de dimension planétaire, tout en échappant aux « grandes oreilles » ? Comment coordonner des opérations depuis Rotterdam et Tanger, Dubaï et Bogotá, en passant à travers un filet aux mailles de plus en plus serrées ?

Dans les années 2010, le cryptage des téléphones devient la voix royale de cette communication protégée. Les téléphones classiques, non sécurisés, facilement exploitables par des enquêteurs de police, font alors place à des smartphones verrouillés par un mot de passe. Puis, en quelques années, un seuil technique est franchi : on passe d'une technique de verrouillage « classique » à un chiffrement de la mémoire du téléphone[1].

En juin 2013, les enchères montent, notamment après les révélations fracassantes d'Edward Snowden, lanceur d'alerte de la NSA, l'agence américaine chargée des « grandes écoutes ». Parmi les grands journaux internationaux qui s'en font le relais, le quotidien britannique *The Guardian* affirme que l'opérateur téléphonique américain Verizon, sur injonction judiciaire top-secrète,

1 Thimbaut Heckman, officier de gendarmerie, chercheur associé au centre de l'EOGN et à l'ENS-Ulm : « Téléphones sécurisés, darkphones : quand le chiffrement devient la norme », Cercle K2, 24 novembre 2020.

fournit à la NSA les données téléphoniques de ses clients, notamment américains, alors même que la NSA a l'interdiction absolue d'écouter des téléphones sur le sol national. La NSA avait déjà été épinglée sous George Bush Jr pour ce type d'écoutes illégales. Snowden révèle que la pratique s'est perpétuée sous Obama. Dans ce nouveau monde où le téléphone permet de surveiller les citoyens à grande échelle, la demande de cryptage explose. Les constructeurs mettent sur le marché des algorithmes sophistiqués, capables de chiffrer intégralement les données. Face à un mot de passe qui n'enclenche plus seulement un verrouillage mais un chiffrement, les enquêteurs doivent se tourner vers des spécialistes. Le *geek* fait alors son apparition dans les services de police. Souvent plus jeunes que la moyenne des agents, ces « enquêteurs en technologies numériques » interviennent en matière d'analyse et d'enquête « cyber ». Très vite, pour faire face à la montée du cryptage, les besoins de la police se révèlent énormes.

En soi, le cryptage est parfaitement légal. Et cela est utile à tous ceux qui tiennent tout particulièrement à protéger leurs communications. Ce qui n'est pas légal en revanche, c'est de vendre une technologie de cryptage à un client dès lors qu'on sait qu'il s'en servira à des fins criminelles[2]. Le moment venu, il revient au

2 Bart Preneel, professeur en sécurité informatique et en cryptologie à l'université de Louvain, entretien dans *Marianne*, 11 mars 2021.

juge d'établir si le vendeur avait ou non connaissance de la nature criminelle des activités de son client.

Du côté des fournisseurs de logiciels cryptés, les enchères ne cessent de monter. Pour eux, la meilleure publicité consiste à affirmer que leurs solutions informatiques sont inviolables, en toutes circonstances, même par les États[3]. Pionnier du cryptage des emails dans les années 1990, Phil Zimmermann, inventeur du système Pretty Good Privacy (PGP), propose en 2014, avec le Blackphone, une technologie de chiffrement plus robuste que les précédentes. En principe, celle-ci permet d'envoyer des appels téléphoniques et des SMS sans craindre aucune intrusion. L'application remporte un franc succès auprès d'un public varié, parmi lequel des militants politiques, des journalistes, des avocats, des hommes d'affaires… et des narcotrafiquants du monde entier.

Le chat du décryptage contre la souris algorithmique

Avec le lancement du Blackphone[4], premier smartphone incluant un système de chiffrement des commu-

3 Thimbaut Heckman, « Téléphones sécurisés, darkphones », *loc. cit.*

4 Blackphone n'est pas une marque de téléphones mais le terme générique qui désigne un appareil configuré pour échanger des données cryptées.

nications, le marché de la téléphonie cryptée explose, tant en Europe qu'aux États-Unis. *A priori*, les systèmes proposés à la vente ne sont pas destinés au grand public. On n'y poste pas de photos sur Instagram, pas plus qu'on n'y surfe sur Spotify. Ces appareils ressemblent à des smartphones quelconques, mais ils ont été reconfigurés de telle sorte que la messagerie devient la seule fonction disponible et ne permet de communiquer qu'avec un réseau d'abonnés. Une fois l'appareil customisé, ses fonctionnalités sont réduites au minimum et les utilisateurs identifiés par un PIN à six caractères et un pseudonyme. La confidentialité proclamée convainc les clients et, paradoxe, encourage à l'occasion la persistance de vieux réflexes. Certains abonnés se croient si bien protégés qu'ils conservent des clés d'accès élémentaires, comme 1, 2, 3, 4... Dans la tête d'un narcotrafiquant aussi, méfiance et ingénuité font parfois bon ménage.

Au milieu des années 2010, des deux côtés de l'Atlantique, les services de police et les stups décident de s'attaquer aux compagnies de technologie qui vendent les logiciels de communication cryptée au monde du crime organisé. Une grande lessive d'ampleur internationale démarre.

Première cible : le réseau de cryptage Ennetcom. Basée aux Pays-Bas, comme la plupart de ses clients, cette entreprise a installé ses serveurs au Canada. Ces derniers permettent à des téléphones vendus 1 500 dollars pièce d'échanger des messages, sans capacité d'appel ni connexion à Internet. En 2016, les autorités canadiennes saisissent les serveurs et transmettent les messages collectés aux autorités néerlandaises. Ennetcom ferme ses portes, son propriétaire est interpellé. 3,6 millions de messages émis par 19 000 utilisateurs seront par la suite décryptés par la police. « C'est à ce jour le plus grand réseau crypté utilisé par le crime organisé dans notre pays », déclarera un procureur hollandais. En 2017, c'est au tour de PGP Safe, basé au Costa Rica, le réseau qu'utilise au quotidien Ridouan Taghi, d'être craqué puis fermé. En 2018, les milieux criminels basculent vers un nouveau réseau : AnOm. Ils ignorent qu'il s'agit d'un cheval de Troie créé de toutes pièces par le FBI pour les harponner et qui permettra l'une des plus importantes saisies de cocaïne jamais faites aux États-Unis, lors de l'arraisonnement en juin 2019 dans le port de Philadelphie du *Gayane*, l'un des plus gros porte-conteneurs au monde à l'équipage monténégrin en provenance du Chili et à destination de Rotterdam, *via* le Panama et les Bahamas. Vingt tonnes de cocaïne sont trouvées à bord, dissimulées dans sept conteneurs sur un bateau qui en compte des milliers. Valeur estimée : plus d'un milliard de dollars. La DEA et les polices européennes s'accordent sur le commanditaire : le « Super Cartel ».

Allô, Roubaix ?...

Lorsque le *Gayane* est arraisonné, cela fait six mois que, de leur côté, la gendarmerie française et la police hollandaise travaillent à percer les secrets du serveur d'un autre réseau de communications cryptées, très en vogue depuis plusieurs années. Son nom : EncroChat. Les téléphones qui accueillent ce cryptage sont là encore d'apparence banale et fonctionnent également avec un système d'exploitation Android classique, ce qui permet de rendre plus discrètes les fonctionnalités de chiffrement. Une fonction « *wipe out* » permet par ailleurs d'effacer toutes les données en un clin d'œil, en cas d'urgence. C'est en 2017, lors d'une perquisition aux Pays-Bas visant des membres de la « Mocro Maffia », que la police met pour la première fois la main sur des appareils dotés de ce système[5].

Dans ses publicités, l'entreprise prétend héberger ses serveurs dans des endroits sécurisés *offshore*[6]. Or ces serveurs se trouvent en réalité dans un banal centre de données basé à Roubaix. En 2019, les gendarmes français comprennent que toutes les communications d'EncroChat transitent par ce même centre. Lors d'une opération conjointe avec leurs collègues néerlandais, ils parviennent à copier les serveurs. Les analystes

---

5 « *Politie kraakt chatnetwerk criminelen : liquidaties voorkomen* », RTL Nieuws, 2 juillet 2020.

6 Ed Caesar, « Crooks mistaken Bet on Encrypted Phones », *The New Yorker*, 17 avril 2023.

vont ensuite travailler dix mois durant pour trouver la faille et piéger les utilisateurs. En avril 2020, l'outil est enfin trouvé : un *malware* camouflé en mise à jour qu'ils envoient sur tous les téléphones abonnés à EncroChat. Sur un réseau ordinaire, les fausses mises à jour pullulent, mais sur un réseau réputé étanche, elles sont rares et le degré de méfiance baisse. La ruse fonctionne. Les polices française et néerlandaise reçoivent la copie en clair de tous les messages stockés sur les téléphones EncroChat. « C'était comme si nous étions assis à la table des criminels », déclarera alors à la presse Jannine van den Berg, haut fonctionnaire de la police néerlandaise[7].

Jari Liukku, qui dirigera plus tard la police d'Helsinki, en Finlande, est alors en poste à Europol, l'agence de coordination européenne des polices, où il dirige l'Esocc (European Serious Organized Crime Center). Portant l'uniforme comme un seigneur de guerre, ample chevelure blanche soigneusement entretenue, voix lente à l'anglais rocailleux, Jari Liukku, quarante ans de métier, a l'autorité de ceux qui ont appris à manier les silences. Peu porté sur les effusions, il n'est pourtant pas près d'oublier le premier jour de la phase *live* des interceptions EncroChat, lorsque les premiers messages interceptés, soit l'équivalent de six semaines de communications, sont décryptés en direct. « Ce fut un moment magnifique pour tous ceux qui

7 *Ibid.*

étaient réunis dans l'"operational room" d'Europol. Les premiers messages commençaient à arriver, on en voyait les contenus. On était face à des criminels internationaux qui ne parlaient que de trafics, de drogues, de liquidations, de blanchiment d'argent, de tentatives de corruption, notamment en direction des autorités… »

Le journaliste hollandais Jan Meeus se souvient lui aussi de cette époque mémorable : « Le décryptage d'EncroChat a eu lieu la première année de la pandémie. Je me souviens d'avoir alors parlé avec des procureurs chevronnés du parquet aux Pays-Bas, ainsi qu'à des enquêteurs de police. Ils me disaient : "Jan, nous pensions que nous avions une idée de l'importance de l'économie des drogues, mais nous sommes sidérés par l'ampleur des volumes qui circulent d'un coin à l'autre du monde. Et aussi par la façon dont les criminels parlent de leurs affaires." Ces gens avaient vingt ou trente ans d'expérience dans la lutte contre le crime organisé. Même eux n'en revenaient pas de ce qu'ils découvraient. »

En 2020, certains de ces messages révèlent l'existence d'un site de torture clandestin dans un hangar agricole à Wouwse Plantage, petite bourgade hollandaise du Nord-Brabant, non loin de la frontière belge. Jan Meeus : « Parmi les messages que les policiers voient passer, il y a celui-ci : "Si j'ai la chance de pouvoir torturer XXX, ce n'est pas ma façon de faire habituelle mais s'il faut le faire, je m'en chargerai personnellement [*sic*]." » En juillet 2020, la police effectue un raid sur le hangar, vide de toute présence humaine, et y trouve sept conteneurs. Six d'entre eux ont été conçus comme des cellules pour détenir des prisonniers. Dans le septième, les policiers découvrent une chaise de dentiste avec des entraves pour les bras et les jambes, des pinces à doigts, des scalpels, des marteaux, des brûleurs à gaz et du ruban adhésif. Le site clandestin comporte également un espace réservé au *waterboarding*. La nouvelle sème l'effroi aux Pays-Bas. Les optimistes se consolent en se disant que le lieu n'a jamais été mis en service.

Dans la foulée, EncroChat, qui compte alors 60 000 clients, est fermée. Au sein du monde criminel, ce démantèlement fait l'effet d'un séisme. Rien qu'au Royaume-Uni, il aboutit à 1 800 arrestations. C'est alors que commence la seconde saga, celle de Sky ECC, un réseau mis en place par la compagnie canadienne Sky Global, sur lequel les criminels ont basculé massivement après la fermeture d'EncroChat.

Cette fois, le poisson est encore plus gros : Sky ECC compte plus de 150 000 utilisateurs actifs dans le monde, près d'un quart étant regroupés autour de Rotterdam et d'Anvers où transite, selon les douanes, environ la moitié de la cocaïne européenne. Cette migration de clientèle entraîne une conséquence à laquelle personne à l'époque ne semble avoir pensé : tous les criminels sont désormais rassemblés sous le même toit. « C'était, écrit Ed Caesar dans le *New Yorker*, comme si tous les affreux s'étaient retranchés dans une forteresse aux murs de six mètres d'épaisseur et avaient mis au défi les envahisseurs d'attaquer avec leurs catapultes et leurs béliers[8]. » Tout est prêt pour un éventuel assaut, mais la forteresse a un talon d'Achille : les protocoles de chiffrement de ces réseaux ont été développés avec une telle opacité qu'il est impossible de les tester à grande échelle avant utilisation. En clair, le manque de transparence du produit en diminue la fiabilité. Ce talon d'Achille appelle un cheval de Troie.

Roubaix ? On a été coupés…

Comme le raconte Éric Snoeck, commissaire général de la police fédérale belge, à l'époque de cette « grande migration », Sky ECC est dans le viseur de la police depuis plusieurs années déjà : « En 2016, c'est un des premiers dossiers que je trouve sur mon bureau dans mes précédentes fonctions. Mes collègues d'Anvers viennent me sensibiliser avec la dernière énergie sur une trouvaille exceptionnelle : ils m'annoncent avoir identifié un nouveau mode de communication utilisé par les criminels pour importer de la cocaïne en Europe, *via* Anvers, et se disent en passe de réaliser l'exploit technologique de déchiffrer les échanges entre criminels. Ils se montrent convaincus que ce projet allait forcément dépasser les limites d'Anvers pour

8 *Ibid.*

devenir un projet national. Et c'est ce qui s'est passé. » L'ensemble des services de police judiciaire du royaume de Belgique est aussitôt impliqué. Se mettent en place des dispositifs d'échange et de lecture d'informations. Pendant de nombreux mois, des dizaines de policiers travaillent comme des forcenés pour craquer le système. Éric Snoeck : « Ils travaillaient même la nuit avec les lumières des postes de police allumées, ce qui d'ailleurs a parfois attiré l'attention des criminels qui se demandaient à quoi pouvait donc s'affairer la police. »

À quelques encablures du siège de la police fédérale, le monumental palais de justice de Bruxelles (plus grand bâtiment jamais construit au XIXe siècle, sa superficie dépasse celle de la basilique Saint-Pierre de Rome) juché sur une butte qui domine la capitale. C'est là qu'officie Frédéric Van Leeuw, procureur général du parquet général de Bruxelles. Ce magistrat, d'une bonhomie qui ne peut être que belge, à la voix douce, est depuis une décennie aux premières loges sur les dossiers de terrorisme et de crime organisé. Après s'être massivement investi sur les dossiers EncroChat, il aborde la saga Sky ECC avec la même énergie : « Le téléphone Sky ECC, c'est un téléphone lambda, mais sur lequel on a coupé le micro, où tout est désactivé. Seule demeure l'application Sky ECC, pour laquelle un abonnement, trimestriel ou semestriel, est nécessaire. Cet abonnement, assez onéreux, nous a au moins rassurés sur un point : les terroristes n'étaient pas assez riches pour se le payer. » Au moment où la police belge s'intéresse au réseau, Sky ECC est déjà un succès mondial, depuis son pays d'origine, le Canada, jusqu'en Serbie, en passant par les Pays-Bas, l'Espagne, l'Allemagne, la France, la Belgique ou encore l'Italie[9]. En quelques années, le déploiement de cette solution de cryptage a généré un chiffre d'affaires de plus de 426 millions d'euros. Les téléphones sont facturés 1 300 euros par Sky ECC pour six mois d'abonnement (ou 10 000 euros pour cinq ans) et écoulés grâce à une quarantaine de distributeurs et un réseau de revendeurs, dont bon nombre, les enquêtes ultérieures le révéleront, ont des liens avec l'*underworld* criminel. Les revendeurs s'acquittent souvent en crypto-monnaie des licences auprès de la société, compliquant là encore la traçabilité des transactions et l'identification des différents acteurs. Autre élément à charge, comme le découvriront plus tard les magistrats, Sky Global, la compagnie qui propose la solution Sky ECC ne collabore pas avec les forces de l'ordre. « Cette coopération minimale, voire inexistante, avec les autorités judiciaires faisait partie intégrante des arguments de vente de la solution Sky ECC[10]. »

Lorsque les enquêteurs belges, assistés de leurs collègues européens, commencent à s'intéresser à Sky ECC, ils font une première découverte cocasse : le réseau a ses serveurs à Roubaix, tout comme EncroChat. Puis une

---

9 Soren Seelow, « Sky ECC : pourquoi la justice française demande un procès dans cette affaire criminelle tentaculaire », *Le Monde*, 22 août 2024.

10 Magistrat cité par Soren Seelow, *ibid.*

autre découverte, moins amusante celle-là : Sky ECC utilise un système de cryptage différent de celui de son concurrent, ce qui exclut de réitérer la ruse du logiciel malveillant. Les geeks de la police se mettent à nouveau au travail. Frédéric Van Leeuw : « On avait repéré les serveurs, donc on enregistrait les conversations cryptées. Pendant dix-huit mois, les unités spéciales belges ont travaillé d'arrache-pied pour repérer les cibles les plus importantes, en enregistrant des données dont elles n'étaient pas sûres qu'elles pourraient être décryptées un jour. »

Le jour béni finit par arriver : le 15 février 2021, les enquêteurs parviennent enfin à « capter les secrets cryptographiques » de l'application[11]. Selon le *New Yorker*, les analystes ont lancé une « attaque de protocole » qui a permis de tromper les téléphones portables en faisant révéler aux narcos leurs clés privées[12]. Autrement dit, ils ont trouvé le moyen d'accéder en direct aux flux de contenus, soit 1,5 million d'informations partagées chaque jour entre 164 000 utilisateurs, dont 12 000 aux Pays-Bas, 6 000 en Belgique et près de 1 300 en France[13]. Frédéric Van Leeuw :

11 Simon Piel et Jean-Pierre Stroobants, « Dans les coulisses de l'affaire Sky, l'enquête qui a décrypté les secrets du grand banditisme », *Le Monde*, 9 juin 2021.

12 Ed Caesar, « Crooks' mistaken bet on encrypted phones », *loc. cit.*

13 Simon Piel et Jean-Pierre Stroobants, « Dans les coulisses de l'affaire Sky », *loc. cit.*

« Et c'est là qu'on a lancé ce qu'on a appelé l'"opération live", avec quelques centaines de policiers derrière des écrans, à La Haye [siège d'Europol], en France et en Belgique, déchiffrant les messages. » Le regard du magistrat se fait soudain plus sombre, le ton plus grave : « Et là, avec ce qu'on a vu arriver, je dois dire qu'on n'avait plus besoin de regarder la série *Narcos* sur Netflix. On voyait en direct des faits criminels survenant dans le monde entier. C'était inimaginable. Très vite s'est posée la question : à partir de quand intervient-on ? Il y avait des magistrats du parquet fédéral belge, du parquet de Paris, du parquet national hollandais et du parquet d'Amsterdam, qui, jour et nuit, se faisaient présenter les différents faits que l'on relevait afin de déterminer s'il fallait agir ou pas. Le dilemme, évidemment, était que si on intervenait sur tout, tout de suite, les criminels comprendraient très vite ce qui se passait. »

Dans certains cas, l'intervention est déclenchée, mais en préservant la source de l'information. Comme ce jour où est capté un message émanant d'un tueur localisé en Serbie. L'homme, chargé de procéder dans l'heure à une liquidation, se plaint de ne pas avoir la bonne adresse de la cible et indique sa position à ses commanditaires pour qu'ils le guident vers l'endroit où il doit se rendre. Les policiers serbes sont alertés sur-le-champ par leurs homologues belges afin qu'ils interceptent au plus vite le tueur. Estomaqués, ils acquiescent mais s'enquièrent de la source de l'information. La réponse est immédiate : « Désolé. On ne peut pas vous le dire. » Le tueur sera arrêté. Et on ne saura jamais si sa cible saura un jour qu'elle doit la vie à deux coups de chance aussi improbables.

À d'autres moments, il est trop tard pour intervenir. Comme beaucoup de ses collègues, Frédéric Van Leeuw garde en tête la découverte macabre d'une vidéo interceptée de trafiquants serbes. Les hommes se filment en train de découper vivant un rival avant de passer ses membres dans un hachoir. Non sans avoir préalablement contraint leur victime à contacter ses coéquipiers pour les inviter à le rejoindre, ce qu'ils feront et qui leur vaudra de terminer eux aussi dans le hachoir. Frédéric Van Leeuw : « Par la suite, j'ai fait le choix de montrer cette vidéo lors d'une audition au parlement fédéral belge et je peux vous assurer que les parlementaires sont restés sans voix. Ils ont peut-être mieux compris à quel point l'heure était venue de réagir devant la violence du crime organisé à l'échelle internationale. »

Policiers et magistrats gardent pour eux tant d'autres scènes, guère moins effarantes : recrutements en direct de tueurs qui s'équipent avant d'aller éliminer des magistrats ; célébrations joyeuses de contrats d'assassinats parfaitement remplis… Chaque jour apporte son lot d'exécutions programmées. Au milieu de tout ça, des vidéos d'extracteurs se filmant, visages découverts et biceps gonflés, en train de compter le nombre exact de paquets de cocaïne récupérés dans un conteneur. Le profane verra peut-être se déployer là, sur fond d'addiction au téléphone portable, l'arrogance criminelle dans sa vulgarité la plus crasse. Les enquêteurs, eux, remarquent autre chose : ces vidéos sont faites pour prouver au donneur d'ordre que le travail a été bien fait, sans entourloupe. Or, dans un système mafieux classique, le donneur d'ordre n'a *a priori* pas de souci à se faire. Le « soldat », une fois admis, doit loyauté absolue jusqu'à la fin de ses jours. Tel est le contrat. S'en affranchir revient à défier non pas un n+1 mais toute une organisation, reposant sur une base pyramidale. Dans un tel système, les *big bosses* ne s'amusent pas à surveiller le déroulé des opérations, l'intendance est confiée aux lieutenants. La nouvelle génération, elle, fonctionne sur un mode beaucoup plus horizontal, plus artisanal. Les groupent rivalisent entre eux, la suspicion est permanente et les têtes de réseau elles-mêmes, Ridouan Taghi en est un exemple, sont dans le micro-management : c'est donc à eux de s'assurer que leurs « extracteurs » n'ont rien mis dans leurs poches. D'où les vidéos. Système horizontal contre système vertical. Les biceps des « extracteurs » sont en bonus.

En *live* avec les criminels

Ce qui complique cette phase *live*, c'est le nombre stratosphérique de messages auxquels les enquêteurs accèdent en temps réel. Commence alors pour les polices européennes une plongée dans les grands fonds du narcotrafic, comme il n'en arrive pratiquement jamais dans la carrière d'un flic. Jari Liukku : « À titre personnel, j'ai été impliqué dans quatre des investigations relatives aux réseaux cryptés. Les informations collectées dans les bases de données d'Europol Systems étaient colossales, environ 2 milliards de messages décryptés, messages vocaux, photos, clips vidéo, SMS, comportant tous bien sûr des contenus criminels. »

Faire face à une telle masse de données n'est pas simple. Tout au long du processus, avant, pendant et après la phase *live*, la police belge est contrainte de revoir ses méthodes de travail. « Nous avons dû innover, raconte Éric Snoeck, à tous les étages, sur le plan technologique, sur la capacité à traiter des *data*, sur la coopération avec la magistrature, puisqu'il fallait sélectionner les dossiers et les informations sur lesquels on travaillait. Ça nécessitait de nouveaux outils, de nouvelles méthodes de travail, de nouvelles architectures informatiques aussi, qu'il fallait mettre en place le plus vite possible puisqu'on avait affaire à des informations qui révélaient des crimes et des tortures parfois en cours, ou des cargaisons entières qui arrivaient à Anvers. »

Cette phase *live*, prévue initialement pour durer quinze jours, est prolongée d'une dizaine de jours. Frédéric Van Leeuw : « Il y a eu beaucoup de discussions sur cette prolongation parce qu'à un certain moment, on a eu tellement d'informations qu'on se disait qu'on n'allait pas pouvoir suivre, qu'on n'en aurait pas les capacités. Il y a eu par ailleurs un effet collatéral que nous n'avions pas anticipé. Les criminels, persuadés qu'ils ne pouvaient pas être lus ni décryptés, ont commencé à s'entretuer pensant que les informations n'avaient pu être divulguées que par ceux qui étaient dans la confidence. On voyait survenir des règlements de comptes provoqués par notre phase *live* en Belgique, en Allemagne, en Italie, un peu partout dans le monde. Ça, c'était très préoccupant du point de vue de l'ordre public. »

Au tout début de cette phase, les enquêteurs assistent à des tests de transport de cocaïne – deux fois 500 kg de cocaïne – destinés à s'assurer de la fiabilité d'un circuit destiné à accueillir des dizaines de tonnes. Au fil des semaines, le feuilleton s'enrichit de prodigieux épisodes. Derrière leurs écrans, les centaines d'enquêteurs assistent stupéfaits à d'énormes commandes passées depuis les Émirats arabes unis. Ils décryptent les consignes de déchargement de pains de cocaïne transmises à des dockers d'Anvers. Ils suivent les tentatives de corruption d'agents de la police antidrogue en Seine-Saint-Denis. Ils découvrent des plans d'attaque d'un dépôt douanier aux Pays-Bas, où la drogue est stockée, en attente de destruction. Frédérick Van Leeuw le reconnaît : « Cette phase *live* a été un moment très, très compliqué. D'autant qu'on travaillait 24 heures sur 24. Il fallait anticiper la suite, c'est-à-dire le moment où nous allions passer à la phase d'intervention, qui supposait de pouvoir arrêter le plus de gens possible avec leurs téléphones. Évidemment, si vous allez trop vite trop loin et que les criminels, déjà alertés par l'opération sur EncroChat, se rendent compte que même sur Sky ECC ils sont écoutés, la première chose qu'ils font, c'est de jeter le téléphone. »

De midi à midi cinq, chaque premier du mois

Le 9 mars 2021, quelques semaines après le début de la phase *live*, la police belge décide de passer à l'action : 1 800 policiers effectuent plus de 200 perquisitions et arrêtent 48 personnes à travers le pays[14]. Une mise en bouche au regard des vagues d'arrestations qui suivront. L'objectif prioritaire est de démanteler les réseaux qui ont fait du port d'Anvers le lieu de nombreux règlements de comptes et la principale porte d'entrée de la cocaïne en Europe. Ce jour-là, le bilan des saisies est colossal : 17 tonnes de cocaïne, 1,2 million d'euros, des armes, des machines utilisées pour compter l'argent, des uniformes de police, des balises GPS, des voitures de luxe. Toute une chaîne de corruption émerge, allant du transporteur au docker, de l'importateur au revendeur,

14 Thomas Saintourens et Simon Piel, « Sky ECC, l'application prisée des trafiquants, mine d'or des enquêtes sur le crime organisé », *Le Monde*, 18 novembre 2022.

jusqu'au policier ou au douanier. Sur les milliers de personnes impliquées grâce aux messages interceptés, un tiers sont des individus inconnus des services de police et de la justice. Parmi eux, des « cols blancs » insoupçonnables, gérants d'entreprise, comptables, abrités derrière des banques ou des compagnies financières *offshore*. Frédéric Van Leeuw : « Il y avait aussi des avocats ou des notaires. Cela nous a par ailleurs amenés chez beaucoup de gens localisés à l'étranger, qui menaient la grande vie dans des paradis fiscaux comme Dubaï, ou au Maroc. Ce sont des gens qui ont énormément de moyens financiers et de capacités d'intimidation. Nous nous sommes rendu compte que des juges d'instruction étaient suivis, que leur vie privée était scrutée, que des policiers avaient fait l'objet de menaces... Nous avons été confrontés à une armée d'avocats ayant accès au dossier. Tout cela rend les choses beaucoup plus compliquées dès lors qu'on veut s'attaquer aux flux financiers générés par le trafic de drogues. »

Les avocats, justement. Ceux des prévenus, ne pouvant décemment contester la matérialité des enregistrements, tentent de mettre en doute le fait que leurs clients sont bien les auteurs des messages émanant de leur téléphone. Ils en appellent aux plus hautes instances judiciaires européennes, en arguant que les interceptions constituent en elles-mêmes une violation majeure du droit à la vie privée. Frédéric Van Leeuw : « Les autorités belges, françaises et néerlandaises ont alors eu à cœur de montrer que nos interceptions n'avaient pas pour but d'écouter le monde entier, en allant à la pêche avec des filets trop larges. Nous avons trouvé une astuce : on a choisi aléatoirement un créneau fixe (telle heure de tel jour de tel mois) sur une période de dix-huit mois, et on a décrypté les messages sur une durée de cinq minutes. Et c'est ainsi que, le jour choisi, une fois par mois, nous avons enregistré les échanges survenant entre midi et midi cinq. Nous étions en mesure de décrypter 60 % à 65 % des conversations à cette époque-là. Et, chaque fois, les conversations étaient d'ordre criminel. Ça nous a permis de prouver aux juges qu'on travaillait très spécifiquement sur des cibles criminelles, qu'on n'était pas en train d'écouter le monde entier pour trouver quelques criminels. Et *in fine* les juges nous ont donné raison. »

Parmi tous ces méfaits, s'il est une chose qui préoccupe particulièrement Jari Liukku, c'est bien la corruption financière, quasi inexistante dans son pays, et la menace qu'elle constitue pour les sociétés européennes : « Je me souviens du commentaire d'un important criminel dont nous avions intercepté les échanges durant l'enquête. Il disait qu'il rêvait de posséder un pays et qu'il s'estimait proche d'y parvenir. Rien de vraiment impossible à ça quand on a vu comment il parvenait à corrompre les hommes politiques, les responsables officiels, grâce à l'argent accumulé avec le trafic de cocaïne. C'est une histoire vraie, pas le produit de l'imagination, et elle reflète bien la porosité au crime du monde dans lequel nous vivons. »

Le coup de projecteur ne fait pas seulement voler en éclats le secret criminel, il bouleverse radicalement le paradigme policier. D'ordinaire, policiers et magistrats partent à la recherche d'indices et de preuves dans l'espoir de dégoter la pépite qui fera avancer le dossier. Ici, l'abondance des preuves inverse le sens de la marche, comme l'explique Frédéric Van Leeuw : « On était devant une mine d'or à ciel ouvert. Généralement, dans un dossier, on cherche les preuves. Là, on disposait de preuves par milliers, et c'est à partir de ces preuves qu'il fallait chercher le dossier ! » Et pour cela, sélectionner les informations les plus sensibles, celles qui concernent les cargaisons les plus volumineuses, les commanditaires les plus importants. L'ampleur des données est telle qu'elle conduit à réouvrir d'anciens dossiers. Analyser cette masse titanesque d'informations avec les moyens classiques, c'est-à-dire les moyens humains, aurait pris… 685 ans, estime, non sans humour, le procureur général : « Il fallait éviter au système policier et judiciaire la tentation de travailler sur tout à la fois, sous peine de s'écrouler sous le poids des informations. »

Tout au long de cette saga des téléphones cryptés, l'agence européenne Europol a offert son concours et son support technique aux policiers néerlandais, belges et français. Comme l'explique le Finlandais

Jari Liukku, ancien d'Europol : « Notre rôle a été avant tout de trouver des solutions techniques et de construire le système, de déterminer comment les informations devaient être échangées. Ensuite, il y a eu la question des modes de traitement et des systèmes d'intelligence artificielle pour trier les flux d'informations quotidiens, allant de 1 000 à parfois 5 000 messages par jour. À ce niveau, le travail humain ne suffit plus. »

Si le rôle d'Europol est de gérer les bases de données intra-européennes, il est aussi de partager, sur accord des pays membres, ces informations avec des pays tiers touchés par les activités des groupes criminels utilisant les réseaux cryptés. Ces échanges d'informations rendus possibles grâce au décryptage de Sky ECC sont à l'origine du plus gros recoupement de données de l'histoire du crime organisé, suscitant l'ouverture de centaines d'enquêtes pénales dans des dizaines de pays.

Le déchiffrage de Sky ECC aboutit ainsi au démantèlement de réseaux criminels à travers toute l'Europe. Aux Pays-Bas, il permet l'ouverture de 1 089 enquêtes impliquant 11 819 comptes Sky ECC. Mais les répercussions de cette affaire hors norme s'étendent au monde entier. Jari Liukku : « Si l'on prend en compte les quatre dossiers de réseaux sur lesquels j'ai travaillé, on compte environ 15 000 à 16 000 arrestations, 900 tonnes de cocaïne et plus d'un milliard d'euros en cash saisis. Tels sont les chiffres qui ont été signalés par les différents services de police à Europol. Mais, comme tout n'a pas été forcément signalé, les chiffres sont sans aucun doute bien supérieurs. » Rien qu'en Belgique, la population carcérale augmente de 10 % en quelques mois à la suite du démantèlement de Sky ECC.

Les années ont passé depuis le début de cette saga, mais Éric Snoeck, commissaire général de la police fédérale belge, à l'instar de tous ses collègues européens, petits ou grands, n'a rien oublié des différentes étapes de cette affaire en tous points hors norme : « Sky ECC, c'est un dossier inouï, qui a profondément marqué et qui continue à marquer le fonctionnement de la police judiciaire. Pour nous, flics, ça a été une grande aventure humaine. »

La narco-carte du monde

S'il est un élément qui symbolise mieux que beaucoup d'autres le caractère international des activités criminelles, ce sont les langues utilisées sur les téléphones cryptés. Les enquêteurs, qui pensaient que les différentes langues décryptées allaient refléter la géographie habituelle du narcotrafic, voire la hiérarchie des langues dans l'économie mondiale, découvrent une tour de Babel. Si, dans les échanges, l'anglais arrive logiquement en tête, la deuxième langue n'est pas l'espagnol mais l'italien, signe du poids que conserve la criminalité organisée de ce pays, avec au premier chef la 'Ndrangheta calabraise, pionnière de l'importation de cocaïne en Europe dans les années 1990. Le chinois est la langue principalement utilisée lorsqu'il est question des filières de blanchiment, signe cette fois de l'importance des triades chinoises, comme l'indique le procureur de Belgique : « À un certain moment, quand on veut blanchir, on doit passer par la Chine. » Enfin, un détail surprenant : en Belgique, si la langue dominante du trafic reste le néerlandais, la deuxième langue est l'albanais, preuve, s'il en était besoin, de la forte implantation locale des réseaux mafieux d'Albanie dans le pays… De quoi dessiner une nouvelle « narco-carte » linguistique, ce qui n'est pas sans risque de maux de tête pour la police. Comment s'assurer que le traducteur de l'albanais recruté pour traduire les messages n'est pas une taupe téléguidée sous la menace par certains criminels de son pays ? Comment être sûr que ce traducteur puisse comprendre le jargon criminel albanais si particulier et si fréquent dans les messages ?

D'après Frédéric Van Leeuw, on peut discerner dans cette évolutivité constante la marque de fabrique du modèle criminel des années 2010 : « Les réseaux épousent la globalisation. Ce ne sont plus des organisations qui maîtrisent tout du début à la fin, avec une organisation pyramidale. Il s'agit plutôt du modèle latino-américain de syndicat du crime, avec des *joint-ventures* et des groupes criminels qui font alliance. L'un s'occupe du blanchiment, l'autre de la logistique, le troisième de la distribution. On assiste à des confrontations entre syndicats du crime différents. Cela nous force, nous juristes, à adopter de nouvelles approches parce qu'on n'est plus face à une structure unitaire qui englobe toute l'organisation criminelle, mais à une juxtaposition d'organisations qui se partagent le magot. »

À cet égard, les campagnes d'intervention menées à l'échelle internationale après le démantèlement de Sky ECC ont ouvert une nouvelle ère pour la procédure pénale. En effet, algorithmes et intelligence artificielle ne sont pas encore inscrits dans les codes d'instruction criminelle et apportent donc leur lot de controverses juridiques dans tous les pays concernés. Les Pays-Bas, l'Italie, la France et la Belgique n'ont pas le même cadre législatif en matière d'écoutes téléphoniques, ni les mêmes méthodes en matière d'intervention policière. Les procès non plus ne s'y déroulent pas de la même façon. Les systèmes belge et français sont cousins germains – en gros, on traite de tout –, alors que les Néerlandais ont un système qui se rapproche du système anglo-saxon – les gros dossiers sont privilégiés. Dans tel pays, telle mesure judiciaire peut rester secrète, alors que dans un autre, la défense doit pouvoir accéder aussitôt au dossier. On comprend dès lors que, face au caractère transnational du crime organisé, à la variété de ses flux financiers et de ses réseaux de communication, l'hétérogénéité des cadres juridiques intra-européens puisse apparaître comme une entrave majeure à la coopération inter-étatique. Frédéric Van Leeuw : « Nous sommes tous, chacun dans notre pays, dépendants des arbitrages juridiques des autres pays. Cela suppose une interconnexion à 360 degrés entre toutes les actions menées contre le narcrotrafic aujourd'hui dans le monde. »

L'ordre public le jour d'après

À partir de 2021, le vide créé par les vagues d'arrestations a entraîné des conséquences qui, pour le coup, n'ont pas surpris la police ni la justice : « Nous avons été confrontés à des affrontements entre gangs, poursuit Frédéric Van Leeuw, qui voulaient absolument occuper la place laissée libre. La nature n'aime pas le vide. Comme le business est très juteux, on assiste régulièrement depuis le démantèlement de Sky ECC à des affrontements armés, fusillades, explosions d'un niveau de violence jamais observé dans des villes comme Bruxelles et maintenant dans d'autres villes d'Europe, comme Malmö. Les choses se calmeront quand les groupes auront retrouvé un certain équilibre. »

Journaliste à *Het Parool*, quotidien néerlandais, Paul Vugts relève un changement d'époque et de système : « Ce n'est pas seulement la violence de criminels tirant sur des criminels, ou de criminels kidnappant d'autres criminels. Depuis le milieu des années 2010, nous faisons face à un "narcoterrorisme" qui vise à déstabiliser notre société. » Aux Pays-Bas, on l'a dit, avocats, journalistes, hommes politiques, témoins et membres de leurs familles sont ciblés, dans un climat qui n'est pas sans rappeler l'Italie du début des années 1990, lorsque Cosa Nostra avait déclaré une véritable guerre à l'État. Paul Vugts apporte toutefois une précision de taille : « Pour autant, les criminels ne dirigent pas notre pays. Je pourrais émettre bien des critiques sur les gouvernements de mon pays mais pour autant, cela n'a aucun sens de dire, comme certains le font, que les Pays-Bas sont un narco-État. »

La situation a-t-elle empiré à la suite du démantèlement des réseaux EncroChat et Sky ECC ? Prudent, Paul Vugts observe une baisse récente du niveau de violence contre ce qu'il appelle le « monde d'en haut », c'est-à-dire les autorités policières, judiciaires et la presse. « Les narcos ont compris qu'ils peuvent ruiner leurs affaires en portant des coups violents à ce monde-là. » Le journaliste envisage l'avenir avec la philosophie de celui qui a déjà beaucoup donné : « Je suis plutôt de nature optimiste. Les choses vont se normaliser... mais une chose restera : le business model d'une cocaïne arrivant à flots continus. À mes débuts, que ce soit du côté de la sécurité aux frontières ou de la police, tout le monde était très content de mettre la main sur deux cents kilos de cocaïne. De nos jours, il peut leur arriver d'en trouver huit tonnes d'un coup. »

Alors, sept ans après son démarrage, quel regard porter sur la saga des téléphones cryptés ? Malgré ses conséquences vertigineuses, ce gigantesque coup de filet n'est-il qu'une bataille gagnée dans une guerre qui semble ne jamais devoir se terminer ? Pour les narcotrafiquants, une première leçon, d'ordre pratique, s'impose : ne plus s'enfermer dans un réseau de communication crypté. Selon Paul Vugts : « Les criminels ont appris qu'ils ne devraient pas chercher à se protéger derrière un système comme EncroChat ou Sky ECC, que seuls leurs semblables utilisent. Ils cherchent de nouvelles façons de communiquer, en ayant désormais recours aux systèmes grand public, comme WhatsApp ou Telegram, bien moins exposés aux assauts de la justice. »

Ultime question : les suites judiciaires sont-elles à la mesure des moyens engagés ? Frédéric Van Leeuw en décrit rétrospectivement les étapes : « Il y a eu une sorte de pic de compréhension, un pic de travail, un pic d'élucidation et enfin un pic de condamnation qui va s'étaler sur cinq, six ou sept ans. Mais, comme les trafiquants risquent d'utiliser des messageries qui sont celles de "monsieur tout le monde" et qu'on ne peut plus les intercepter – parce que ce serait une violation de la confidentialité –, ils vont peut-être retomber sous le radar pendant un temps très, très long. Et cette période que nous avons connue, aussi extraordinaire et enrichissante intellectuellement ait-elle été, n'aura peut-être été qu'une parenthèse dorée. » Plus jamais les affreux ne s'enfermeront dans le même château. Et il faudra désormais, dans l'océan des communications, détecter des loups déguisés en moutons.

4

Les maîtres du clair-obscur : des racines coloniales à l'*Opium Act* de 1919

« Nous sommes allés en Asie du Sud-Est, en Amérique latine, et nous avons volé toutes sortes d'herbes et d'épices.

Tout simplement volé ! Nous les avons ramenées aux Pays-Bas, en prétendant que nous étions d'excellents hommes d'affaires.

Nous étions surtout des voleurs ! »

Jan Meus,
entretien avec les auteurs

« J'ai mis mes Nike et je chasse ! Hahaha ! »

Message d'un narco,
décrypté par la police

Le procès Marengo et l'invraisemblable saga du décryptage des messageries EncroChat et Sky ECC

le montrent à l'envi : les Pays-Bas sont un *hub*, une plaque tournante européenne et mondiale du trafic de drogues. Nulle surprise pour les policiers, les douaniers et les magistrats qui travaillent sur ces dossiers. Ce que le petit monde de la criminologie, tout particulièrement celui la criminologie hollandaise, sait aussi, c'est que les Pays-Bas sont un *hub* du commerce des drogues depuis quatre siècles. Une si extraordinaire propension au trafic de stupéfiants dans un si petit pays ne peut être le fruit du hasard. Elle est l'expression d'une volition, celle d'une nation née à la fin du XVIe siècle avec dans son berceau une foi totale, passionnée, pour le commerce. Un commerce placé sous le sceau d'une culture de la mer et des navires, d'une géographie spécifique liée à la domestication de l'élément liquide à travers digues, canaux et ports, et d'un goût unique pour la botanique. Le premier article de cette foi, qui n'en comporte aucun autre, c'est la fluidité. *The flow must go on.*

Naissance des Provinces-Unies

Avant d'être les Pays-Bas tels que nous les connaissons aujourd'hui, la forme primitive de l'État néerlandais moderne s'appelle Provinces-Unies, un ensemble de provinces entrées en lutte contre la domination espagnole dans la seconde moitié du XVIe siècle, en un temps où ces territoires sont entièrement assujettis au royaume d'Espagne. Soit dix-sept provinces, incluant la Belgique actuelle, le Luxembourg et une partie du nord de la France, placées sous l'autorité des Habsbourg d'Espagne et du roi Philippe II, fils de Charles Quint. Les provinces rebelles, économiquement prospères et habituées à une relative autonomie, connaissent l'essor rapide du calvinisme et refusent les décisions lointaines et autoritaires de Philippe II, qui brime les protestants sur fond d'Inquisition. Face à des mesures centralisatrices, sur les plans tant religieux que politique, les élites locales et la petite noblesse, sous la botte des fonctionnaires espagnols, se sentent humiliées et s'organisent.

En 1566, la révolte gronde et ne tarde pas à prendre un tour martial. On la nomme tout d'abord « révolte des Gueux », sobriquet donné par le pouvoir espagnol à des nobles en quête de liberté de culte et d'une baisse des impôts au profit d'une terre lointaine, de surcroît catholique. Deux ans plus tard éclate la guerre de Quatre-Vingts Ans (1568-1648). En 1581, l'Acte de La Haye marque la naissance des Provinces-Unies, l'une, sinon la première déclaration d'indépendance de l'histoire moderne. Sept provinces du nord (Hollande, Zélande, Utrecht, Groningue, Frise, Geldre et Overijssel), déjà entrées en dissidence au sein de l'Union d'Utrecht en 1579, proclament officiellement leur indépendance vis-à-vis de l'Espagne. La guerre sera longue. Elle ne sera pas simplement militaire, mais aussi commerciale, et se jouera sur les mers, où les Provinces-Unies cherchent à s'imposer dès leur indépendance. C'est le début des grandes explorations, parfois malheureuses, comme celle de Willem Barentsz, le mythique explorateur de l'Arctique qui, dès 1594, cherche un passage vers l'Asie par le nord… ce qui lui coûte la vie au milieu des glaces de l'archipel russe de la Nouvelle-Zemble. L'opiniâtreté et l'esprit d'entreprise des navigateurs bataves ne tarderont cependant pas à payer.

Et Dieu créa la Compagnie des Indes

Aux Pays-Bas, au cœur de marais détrempés, un peuple a construit son pays sur l'eau. Génération après génération, les Hollandais ont érigé des digues infinies le long du littoral, non pas pour se protéger de l'extérieur mais pour avoir une prise sur le monde et y faire commerce. Voies de navigation, ports, canaux, routes, depuis toujours le Plat Pays est organisé pour les affaires, pour que les marchandises du monde entier y affluent en un flot continu. Au royaume des Pays-Bas, le commerce est roi et bénéficie d'un outil économique d'exception : la Vereenigde Oostindische Compagnie, la Compagnie unie des Indes orientales, née en 1602, suivie neuf ans plus tard de sa petite sœur, la Compagnie unie des Indes occidentales.

En fondant la Compagnie des Indes orientales, les Provinces-Unies, désormais affranchies de la tutelle espagnole, affirment un projet maritime et colonial à l'échelle du globe. Elles en feront l'une des plus puissantes multinationales de l'histoire. La VOC se développe initialement dans un contexte de domination des routes maritimes par les Espagnols, qui tiennent encore les Pays-Bas du sud (peu ou prou l'équivalent de la Belgique d'aujourd'hui) et bloquent l'accès aux ports de commerce méditerranéens, ainsi que par les Portugais, qui, eux, contrôlent les routes maritimes vers l'Asie et possèdent déjà de nombreux comptoirs dans le sous-continent indien et en Afrique. Ce monopole ibérique sur le commerce des épices entre l'Asie et l'Europe, les armateurs hollandais entendent le briser.

Mais revenons quelques années en arrière. En 1595, au départ d'Amsterdam, la première expédition néerlandaise vers les Indes orientales est menée par quatre navires et 249 hommes placés sous le commandement de l'explorateur Cornelis de Houtman et de son frère Frederik. En 1596, après une traversée éprouvante (à laquelle ne survivent qu'une centaine d'hommes), l'équipage débarque sur l'île de Java, où il se retrouve confronté aux Portugais, entraînant une rivalité qui durera des décennies et dont les Néerlandais sortiront vainqueurs. En 1597, les deux frères rentrent glorieusement à Amsterdam, sans beaucoup de marchandises mais en ayant réussi à ouvrir la première route maritime vers l'Asie. Ce premier voyage est le point de départ de l'expansion commerciale néerlandaise et de sa domination sur le commerce des épices dans l'océan Indien. La création quelques années plus tard de la Compagnie néerlandaise des Indes occidentales ouvre les portes de l'Amérique du Sud, et donc du reste du monde aux Provinces-Unies des Pays-Bas.

La raison première de la création de la VOC est de limiter la concurrence entre les marchands des Provinces-Unies : tous à bord d'un même bateau, au service de la prospérité d'un pays neuf à vocation mondiale. Tout comme les Pays-Bas actuels sont nés de l'union de plusieurs provinces, la VOC résulte de la fusion de micro-compagnies commerciales. Dans un monde encore dominé par le féodalisme, elle invente les premiers outils de la finance moderne. Elle est ainsi la première société anonyme de l'histoire, pionnière dans l'instauration d'un système d'actions articulé autour de financements privés, avec un retour sur investissement proportionnel au capital engagé dans l'expédition, et protégée par le pouvoir politique collégial des Provinces-Unies. La VOC ne se confond pas avec l'État. Elle symbolise au contraire l'émancipation de la bourgeoisie face à l'ancien pouvoir royal, autoritaire et centralisé. L'État lui délègue ses compétences. Elle a ainsi le droit de lever une armée, de déclarer la guerre au nom des Provinces-Unies, de signer des traités commerciaux avec les pouvoirs politiques des territoires visités et même de battre monnaie. Le longiligne historien Marcel de Kort, silhouette juvénile, cheveux en bataille a tout du batave cool. C'est aussi un spécialiste incontournable de l'histoire du narcotrafic aux Pays-Bas. Il souligne la place de la Compagnie dans l'imaginaire collectif : « La VOC, ce n'étaient pas les Pays-Bas, c'était une entreprise commerciale. Les gens mettaient de l'argent de côté, il y avait des navires qui partaient, et ils naviguaient dans l'espoir de conquérir de nouveaux territoires pour le profit. »

Parallèlement à leur expansion en Asie, les Provinces-Unies s'implantent sur d'autres continents avec la Compagnie des Indes occidentales, notamment aux Amériques : au Brésil en 1630, avant d'en être chassées par les Portugais en 1654 ; au Suriname en 1667 à la suite du traité de Breda, qui voit ce territoire échangé contre la colonie de la Nouvelle-Néerlande (l'actuelle New York) avec les Anglais ; aux Antilles – Curaçao en 1634, Bonaire et Aruba en 1636, Saint-Martin en 1648, partagé avec la France dans le cadre du traité de Concordia. Les Provinces-Unies entendent bien dévorer les géographies et leurs richesses, avec l'Asie comme cible privilégiée.

Au XVIIe siècle vont ainsi naître de nombreux comptoirs : dans l'archipel des Moluques, les fameuses « îles aux épices » ; à Java ; à Sumatra ; à Batavia (aujourd'hui Djakarta), où Jan Pieterszoon Coen, gouverneur de la VOC, crée le siège de la Compagnie en 1619, en chassant les Portugais[1] ; à Ceylan (actuel

1 Ironie de l'histoire, le *Batavia* est le nom du fleuron de la flotte de la VOC qui sombrera au large de l'Australie en 1629. Ce drame, aggravé par le massacre de la majorité des trois cents survivants par un officier fanatique et ses sbires, eut un retentissement considérable à l'époque. On peut lire à ce propos le bref et saisissant récit des événements qu'en offre Simon Leys dans *Les Naufragés du Batavia* (Arléa, 2003).

Sri Lanka), toujours au détriment des Portugais, pour la production et le commerce de la cannelle ; en Inde (Cochin, Nagapattinam) pour le poivre et les textiles ; en Afrique du Sud, où Le Cap devient en 1652 une escale de ravitaillement essentielle pour les navires de la VOC en route vers l'Asie ; au Japon (sur l'île artificielle de Dejima, dans la baie de Nagasaki), pays avec lequel les Bataves sont les seuls Européens à commercer de 1641 à 1853, notamment grâce à l'intelligence politique du huguenot français François Caron, qui développe le commerce de la VOC au pays du Soleil Levant dès les années 1620. Caron quittera la VOC en 1666 pour devenir, à la demande de Colbert, directeur général de la Compagnie française des Indes orientales.

Tout au long du XVIIe siècle, la VOC prospère, fusionnant génie marchand et capacité militaire pour se défendre sur les mers et protéger les possessions coloniales des Provinces-Unies qui, à leur sommet, deviennent la première puissance économique mondiale. La richissime VOC compte alors des dizaines de milliers d'employés, une centaine de navires marchands, soit une flotte surpassant la flotte cumulée de toutes les autres nations. Mais cet âge d'or se referme progressivement au XVIIIe sous les coups de boutoir des marines marchandes française et, surtout, anglaise. L'épopée de la VOC s'achève en 1799, année de sa dissolution et de la transformation officielle des comptoirs en colonies néerlandaises.

La Bourse d'Amsterdam

« Nous sommes un pays de commerçants. Vous savez, nous avons toujours été à ce carrefour où les marchandises entraient et sortaient, et il y avait des gens qui avaient de l'argent, des banquiers. La première Bourse de l'histoire est celle d'Amsterdam. Nous avons donc toujours été une place d'affaires internationale. Une grande partie de notre richesse s'est faite à cette époque. » Difficile de contredire le journaliste Jan Meus sur ce point. Créée en 1609 pour le marché des actions, la Bourse moderne naît à Amsterdam. Londres ne créera la sienne qu'en 1698, Paris en 1724, et New York en 1792. C'est la Bourse d'Amsterdam qui accompagne le développement de la VOC, instaure les techniques et les pratiques financières à la base de l'investissement et du jeu spéculatif, comme l'achat et la vente d'actions pour les expéditions maritimes (la VOC, dès sa création, a le droit d'en émettre), les contrats à terme (engagement d'acheter ou de vendre un actif à un prix fixé pour une date future), les options (droit d'acheter ou de vendre une action à un prix défini) et la vente à découvert (vendre des actions qu'on ne possède pas, en espérant les racheter plus tard à un prix plus bas), et bien sûr la spéculation en tant que telle (les investisseurs commencent à anticiper les variations des prix et à échanger des titres sans lien direct avec les entreprises concernées).

La prospérité et le sentiment de réussite de toute une nation s'expriment pleinement dans l'image qu'elle se donne d'elle-même à travers les arts – notamment la peinture, la cartographie et la gravure. La peinture maritime et portuaire nourrit ainsi l'orgueil national, comme dans *Vue du port de Hoorn* de Hendrick Cornelisz Vroom, le fondateur de la peinture de marine néerlandaise, qui magnifie les imposants navires de la VOC. Cornelis Claesz van Wieringen représente pour sa part les exploits militaires des flottes néerlandaises qui dominent les mers contre les Espagnols et les Portugais, cimentant un peu plus l'imaginaire politique du jeune pays. La marchandise elle-même est l'objet de représentations, voire de culte. L'exotisme marchand constitue ainsi le fonds de commerce de Balthasar van der Ast, de Jan Brueghel l'Ancien et de Pieter Claesz, qui exhibent fièrement les richesses ramenées d'Asie et des Amériques, des épices rares à la porcelaine chinoise. La bourgeoisie du temps raffole de ces œuvres qui célèbrent la notabilité, le triomphe des expéditions. L'idéal pictural prend aussi la forme du monumental tableau de famille bourgeois, où la famille apparaît resplendissante, comme dans le spectaculaire *Portrait de la famille de Dirck Bas Jacobsz*, bourgmestre d'Amsterdam, par Dirck van Santvoort. Ledit Dirck Bas Jacobsz était l'un des plus grands financiers de l'époque, aux fonctions multiples, diplomate, maire, en plus de figurer parmi les dix-sept régents de la VOC.

Le goût du diamant

Dans le même esprit, Amsterdam devient, au tournant du XVIIe siècle, un haut lieu du travail et du négoce du diamant. Cette mutation économique et artisanale s'explique notamment par l'arrivée, dès la fin du XVIe siècle, de communautés juives séfarades chassées par les persécutions religieuses en Espagne à partir de 1492, et au Portugal après l'Inquisition de 1536. Ces artisans, souvent très qualifiés, trouvent refuge aux Provinces-Unies, où la relative tolérance religieuse et les libertés commerciales favorisent leur insertion dans les activités du luxe, de la finance et du négoce colonial.

Installés à Amsterdam, ces tailleurs de diamant apportent des techniques précises de taille et de polissage, transmises depuis le Moyen Âge dans les ateliers de Tolède et de Lisbonne. Grâce aux réseaux maritimes de la VOC, les diamants bruts sont acheminés vers Amsterdam depuis les gisements du sultanat de Golconde, situés dans le Deccan indien, le long du fleuve Krishna. Exploitées depuis l'Antiquité, ces mines constituent alors la principale source mondiale de diamants. Amsterdam en devient rapidement le principal centre de transformation à l'échelle européenne.

Les réseaux diasporiques, notamment juifs, jouent ici un rôle essentiel : en plus d'assurer la continuité des compétences techniques, ils facilitent les circulations marchandes entre Amsterdam, Anvers,

Hambourg, Livourne et Londres. Le négoce repose ainsi sur un savoir-faire unique, un environnement juridique favorable, avec une liberté d'établissement sans contrainte corporative, et une capacité à insérer la pierre précieuse dans le système de signes du capitalisme moderne. Le diamant, dur et lumineux, devient un double de l'or : gage de fortune et emblème social. Mais, aux Provinces-Unies, toujours avides de découvertes et de richesse, le commerce de la rareté ne se limite pas aux gemmes. Il s'étend également au règne végétal à l'autre bout du monde, dans le lointain Orient.

Le goût de la botanique

Dans ce contexte colonial dominé par la présence de la VOC en Asie se met en place un système quasi industriel de traitement des plantes à usage alimentaire et médical (épices, quinquina, puis opium). Production, conditionnement, transformation dans les comptoirs et affinage en Europe, études scientifiques en vue de l'exploration du Nouveau Monde végétal… rien n'est laissé au hasard dans l'optimisation du commerce botanique. Les omnivores Provinces-Unies achètent ainsi à peu près tout ce qui se produit dans les colonies et ailleurs en Asie pour le revendre, sous forme de produits transformés à un prix vertigineusement plus élevé. Les riches clients européens reçoivent comme un nouvel or les merveilles venues d'Asie dont la liste semble sans limite : des épices comme le poivre, le cumin, le gingembre, la cannelle, le safran... des plantes comme le thé, le café et le tabac, qui entrent dans les demeures cossues de la nouvelle bourgeoisie hollandaise.

Les grandes expéditions botaniques et la collecte de plantes exotiques organisées par la VOC combinent intérêt économique et scientifique. Elles impliquent des investissements sur le long terme pour cartographier, collecter et étudier ces plantes dans l'espoir d'en tirer profit. Les aventuriers de l'époque sont tous des explorateurs *made in* VOC. Abel Tasman, parti de Batavia à la recherche de routes maritimes en Asie-Pacifique, qui découvre la Tasmanie et la Nouvelle-Zélande en 1642... Le naturaliste Georg Eberhard Rumphius, employé par la VOC sur l'île d'Ambon, aux Moluques, où il consacre sa vie à une œuvre monumentale, l'*Herbarium Amboinense*, qui décrit plus de 1 200 espèces végétales... Son confrère Hendrik Adriaan van Rheede, installé à Malabar, en Inde du Sud, où il confectionne une encyclopédie botanique majeure, l'*Hortus Malabaricus*, qui décrit quelque 700 plantes médicinales...

Aux Provinces-Unies, l'engouement pour les plantes est à l'unisson, notamment dans les villes universitaires. Des jardins botaniques sont créés et remplissent des fonctions de centre de recherche et de culture des plantes importées par la VOC. Le jardin botanique de Leyde (1590) joue un rôle pionnier, avant celui d'Amsterdam (1638). S'y cultivent les plantes médicinales et s'y éprouve l'acclimatation des nouvelles espèces. Bien avant l'opium et le cannabis, le commerce des épices, du café, du thé, des plantes ornementales nouvelles comme l'orchidée et la tulipe tourne à plein ; un commerce qui jette les bases de la botanique moderne grâce aux herbiers et aux classifications, et qui stimulera une concurrence à l'échelle mondiale. De la recherche-développement avant l'heure… mais cela peut virer à la catastrophe.

La « crise de la tulipe »

Conséquence de cet amour immodéré, lucratif et bientôt spéculatif des plantes exotiques : l'extraordinaire krach économique de 1637 dans les Provinces-Unies, que de nombreux économistes mentionnent comme la première crise du capitalisme naissant. La tulipe, importée de Turquie, devient progressivement à la mode à partir de la fin du XVIe siècle en raison de la variété de ses couleurs, qui en fait une sorte de gemme horticole et nourrit le goût de l'exotisme. Sa culture est avérée dès 1593-1594 dans le jardin botanique de l'université de Leyde, conçu et développé par le botaniste visionnaire Charles de l'Écluse, Flamand d'expression française né à Arras, alors sous domination espagnole. Très rapidement, après les avoir découvertes dans les catalogues spécialisés de l'époque, comme le

Florilegium d'Emmanuel Sweerts de 1612, de riches clients réclament leurs tulipes.

Cette extravagante *tulipomanie* s'explique en partie par le caractère unique de la fleur. Tout d'abord, sa culture est longue et complexe : il faut entre sept et douze ans pour obtenir un bulbe capable de produire des fleurs. Cela en fait un investissement de long terme, qui peut prendre la forme d'un achat ferme ou d'une promesse d'achat. Ensuite, certaines tulipes apparaissent tachetées et couvertes de motifs, un phénomène dû à un virus alors inconnu, aujourd'hui identifié : le phytovirus. On parle à leur propos de « tulipes cassées », caractéristique qui accroît encore leur rareté et leur valeur. Mais c'est le bulbe, objet de spéculation aussi convoité que rare qui va amplifier la loi de l'offre et de la demande sur ce marché financier émergent – certains bulbes pouvant atteindre le prix du salaire annuel d'un artisan. Les similitudes avec le marché de l'art sont nombreuses : des commandes spécifiques, passées par des collectionneurs éclairés, avides d'un investissement séduisant et potentiellement très rentable.

La spéculation s'accélère dès 1634, portée par une clientèle française de plus en plus active. À partir de 1636, on peut parler d'une véritable Bourse du commerce de la tulipe, avec ses propres règles et objectifs. Des collèges de négociants professionnels se multiplient dans les auberges des grandes villes, notamment à Haarlem, aujourd'hui en périphérie d'Amsterdam. Les ventes se concluent de plusieurs manières : ventes à terme, ventes au comptant, orchestrées par les cultivateurs spécialisés, promesses de vente, signées devant notaire. Dès 1635, il devient même possible d'acheter des parts de bulbe… L'or est désormais végétal.

Mais, en février 1637, le système s'effondre et un vent de panique souffle sur les Provinces-Unies. Les économistes contemporains ont identifié les causes multiples de ce krach, parmi lesquelles une épidémie de peste bubonique, qui oblige les acheteurs de Haarlem à rester terrés chez eux plutôt que de venir spéculer dans les auberges. Certains facteurs structurels annoncent déjà les grandes crises du XXe siècle, notamment ce que les Hollandais appellent le « commerce du vent » (*windhandel*), où se mêlent essor du crédit, hausse fulgurante des prix, vente et revente à répétition d'un billet à effet avant l'éclosion de la tulipe convoitée, irrationalité des acteurs économiques. Illustration de la « *greater fool theory* » (« théorie du plus grand fou »), selon laquelle un acheteur pense qu'il pourra toujours revendre son bien malgré un prix déjà excessif. Le 23 février 1637, la bulle spéculative éclate. Du jour au lendemain, les bulbes ne valent plus rien ou presque.

On le sait aujourd'hui, l'impact de ce krach sur l'économie réelle des Provinces-Unies s'est révélé faible. Mais l'événement a suscité un début de prise de conscience des comportements sociaux et de l'économie à l'ère moderne. En témoigne le portrait satirique du fleuriste épris de ses tulipes que nous propose La Bruyère – encore un nom de plante – dans ses *Caractères* (chapitre XIII,

De la mode, édition de 1691) ; en témoigne surtout le livre polémique de l'écrivain et journaliste écossais, Charles Mackay, *Extraordinary Popular Delusions and the Madness of Crowds* (1841), où l'essayiste, pionnier de la psychologie des foules, s'intéresse à la tulipomanie et à l'éclatement de la bulle spéculative en pointant la folie d'un groupe social dès lors qu'il est en proie à l'avidité et à la panique devant des échanges immaîtrisables. Cette évocation du premier krach boursier de l'histoire le montre : les Pays-Bas aiment les plantes, et jamais gratuitement.

Le pavot à opium, une plante magique pour la VOC

La drogue ne tarde pas à surgir dans l'histoire coloniale des Provinces-Unies... pour ne plus jamais la quitter. Dès le XVIIe siècle, en effet, l'opium, tiré du pavot, joue un rôle clé dans le commerce colonial néerlandais sous l'impulsion de la VOC ; celle-ci utilise ce nouvel or végétal pour financer ses projets tous azimuts, comme elle le fait déjà grâce aux revenus des épices, du thé et des textiles.

Les Néerlandais s'installent tout d'abord au Bengale et dans d'autres régions productrices sous domination moghole. L'opium indien est exporté vers Batavia, siège et centre névralgique du commerce de la VOC, avant d'être distribué en Asie du Sud-Est à Java, Sumatra,

Bornéo et aux îles Moluques. Il est vendu à des concessionnaires chinois qui le redistribuent en Asie et peut aussi servir de monnaie d'échange pour se procurer du thé, des épices, de la soie ou encore de la porcelaine. L'opium connaît des usages quelque peu différents selon les lieux d'acheminement. Dans les colonies néerlandaises, il est consommé par les travailleurs des plantations et des mines pour soulager fatigue et douleurs. Qu'importe le risque de la dépendance. Celle-ci offre la garantie d'une docilité inestimable envers le gouvernement colonial. En Chine et en Asie du Sud-Est, l'opium est davantage utilisé pour ses vertus médicinales, comme analgésique et sédatif. Son usage récréatif se développera plus tard, au XVIIIe siècle, dans les cercles éclairés et chez les commerçants aisés.

Vers la fin du XVIIIe, la consommation d'opium fumé devient un phénomène de masse en Chine, entraînant de graves problèmes de santé publique. Pour lutter contre ce fléau et en interdire le commerce, la dynastie Qing entre en rébellion. Tout d'abord contre l'Angleterre – ce sera la Première guerre de l'opium, de 1839 à 1842 – puis contre l'Angleterre alliée à la France – la Deuxième guerre de l'opium, de 1856 à 1860. Les Qing perdront militairement et économiquement ces deux conflits. Si les Pays-Bas ne sont pas directement impliqués dans les guerres de l'opium, ils profitent largement des traités imposés à la Chine par les Britanniques. Celui de Nankin, d'abord, qui ouvre en 1842 de nouveaux ports, dont Canton et Shanghai, au commerce occidental. Puis celui de Tianjin signé en 1858 entre les Qing et la Grande-Bretagne, la France[2], les États-Unis et la Russie. Impitoyable, ce traité met la Chine à genoux avec l'ouverture de nouveaux ports à Tianjin, Nankin et Hankou, et surtout la légalisation officielle du commerce de l'opium. Tout cela permet aux Pays-Bas d'exporter plus facilement leurs cargaisons depuis l'Indonésie.

De la Régie de l'opium à l'*Opium Act*

La VOC, concurrencée par les Britanniques au XVIIIe siècle, fait faillite en 1799. Ses derniers actifs deviennent alors la propriété du gouvernement néerlandais, qui obtient ainsi le contrôle exclusif de l'importation et de la distribution de l'opium, dont l'usage est taxé et les ventes parallèles sont, autant que possible, endiguées. Dans un premier temps, cette gestion est déléguée à des concessionnaires privés, souvent des marchands chinois, qui achètent des licences pour vendre le produit dans des fermes à opium, sous le contrôle des autorités coloniales néerlandaises. Ce juteux système de concessions perdure tout au long

2 Dans le cas spécifique de la France, c'est bientôt l'apogée d'une consommation valorisée de l'opium chez les voyageurs et les écrivains. Arnould de Liedekerke, *La Belle Époque de l'opium* (La Différence, 2001), essai sur la toxicomanie dans les lettres françaises de 1880 à 1914.

du XIXe siècle. Mais, face aux abus des concessionnaires, à la difficulté de contrôler les flux et la contrebande, les autorités néerlandaises instaurent en 1894 un monopole direct de l'État sur l'opium : lui seul devient importateur et distributeur légal dans les Indes néerlandaises. C'est la naissance de la fameuse Régie de l'opium. Le produit est désormais achetable dans des bureaux de vente officiels, où il est taxé. Une partie des revenus sert à financer l'administration, les infrastructures et les forces militaires coloniales. En 1905-1906, les ventes d'opium aux Indes orientales néerlandaises représentent 16 % des recettes fiscales de la colonie.

Mais ce système lucratif entre bientôt en contradiction avec les nouvelles politiques internationales anti-opium. Comme nous l'explique l'historien Marcel de Kort : « À l'époque, il y avait en Indonésie une usine appartenant à l'État néerlandais qui s'occupait de l'opium brut extrait des plants de pavot (*opium roots*). L'opium était conditionné dans des boîtes officielles néerlandaises. Il était vendu dans des magasins d'État appartenant à l'État. C'était très rentable. Mais d'un autre côté, certains s'inquiétaient de la consommation d'opium dans les Indes orientales néerlandaises. Fumer de l'opium était devenu une mauvaise habitude, un vice mauvais pour la santé. On a donc expérimenté un certain nombre d'instruments pour en réduire la consommation. »

En cette fin de XIXe siècle, les Pays-Bas sont confrontés à un dilemme : trouver le juste équilibre entre le légal et l'illégal, la santé publique et les recettes fiscales que génère l'opium. Éternelle question qui se pose encore aujourd'hui pour le tabac, l'alcool ou encore les jeux d'argent. « Les magasins avaient une politique de prix et ont rendu l'opium plus cher. Ils ont alors constaté que le commerce illégal augmentait. Lorsqu'ils ont baissé les prix pour lutter contre le commerce illégal des contrebandiers, le nombre des personnes dépendantes a augmenté. Il a donc fallu trouver un juste équilibre, en quelque sorte, ni trop cher ni trop bon marché », détaille Marcel de Kort.

L'épineuse question de la légalisation et de la régulation de l'usage des stupéfiants qui se pose aujourd'hui se pose dans les mêmes termes au XIXe siècle avec le commerce de l'opium.

C'est à ce moment-là qu'une nouvelle drogue fait son apparition dans le paysage néerlandais. Une drogue synthétisée par Albert Niemann, un jeune chimiste allemand, en 1860, à partir de plantes venues du Pérou. La publication qui accompagne cette invention sera publiée dans le journal *Archiv der Pharmazie* et lui vaudra l'obtention de sa thèse. Si le chimiste n'aura le temps d'apprécier ni son nouveau diplôme ni la portée de sa découverte – il mourra l'année suivante à vingt-six ans des suites de ses travaux sur le gaz moutarde, « sa » drogue, la cocaïne, fera l'objet d'une OPA par les Pays-Bas depuis les colonies.

Une drogue chasse l'autre

De fait, dans le dernier quart du XIXe siècle, les Hollandais, botanistes de génie, réussissent à faire pousser des plants de feuilles de coca importés du Pérou sur l'île de Java, où ils se révèlent être d'une qualité exceptionnelle, supérieure même à l'original péruvien. Les plantations se multiplient en toute légalité entre celles de thé et de café. Principal client : le géant pharmaceutique allemand Merck, le premier à avoir commercialisé la cocaïne. Puis, l'idée vient aux exploitants des plantations de l'île qu'ils pourraient faire leur cocaïne eux-mêmes et défier Merck sur ses propres marchés, comme le souligne l'historien états-unien Paul Eliot Gootenberg, auteur en 2009 du livre de référence *Cocaïne andine*, qu'il qualifie lui-même de « première biographie complète de la cocaïne » : « Après 1900, plusieurs facteurs éveillent à de solides investissements dans la productivité et la qualité de la plantation. Main-d'œuvre chinoise bon marché, quatre récoltes annuelles, économies d'échelle, rationalisation technique, système de cultures alternées avec celles du caoutchouc et du thé, tous ces facteurs permettent aux plantations javanaises de damer le pion à la production andine restée traditionnelle et artisanale[3]. »

---

3 *Cocaïne andine. L'invention d'une drogue globale*, Les Perséides, 2022.

En 1900, la synthèse de la cocaïne est assurée par la Nederlandsche Cocaïnefabriek (NCF), financée par la Koloniale Bank, dans une usine installée en plein centre d'Amsterdam. Aussi insensé que cela puisse paraître aujourd'hui, morphine, héroïne et cocaïne sont à l'époque en vente libre dans toutes les bonnes pharmacies. Aux Pays-Bas, mais aussi en Allemagne, en France ou aux États-Unis. Lors de la Première Guerre mondiale, les Pays-Bas, qui restent neutres, concentrent leurs troupes à la frontière sud. À leurs (nombreuses) heures perdues, les soldats hollandais vendent de la cocaïne aux armées belligérantes anglaise et allemande. Les estimations divergent considérablement sur les volumes ainsi exportés. Trente tonnes sont ainsi écoulées chaque année durant le conflit, si l'on se fie aux recherches sur la NCF menées par l'écrivaine hollandaise Conny Braam, pour l'écriture de son roman *The Cocaine Salesman*. Entre 500 et 900 kilos par an, selon Hans Bosman, ancien responsable chimie de la NCF, dans sa thèse de doctorat sur la question. Les Pays-Bas sont des fournisseurs fiables. Depuis 1911, indique Paul Gootenberg, « grâce à une lucrative filière agro-industrielle totalement intégrée, alimentée *via* le port d'Amsterdam, ils se sont emparés du quart du marché mondial de la cocaïne ». Merck est dépassé. Les Pays-Bas sont désormais les leaders mondiaux du marché.

Mais un tournant est déjà en train de s'opérer au niveau international. Dans la première décennie du

XXe siècle, les Pays-Bas sont soumis à une pression diplomatique croissante à l'échelle internationale sur la question des drogues. Cette pression émane de deux pays lointains mais très concernés par le problème, les États-Unis et la Chine. Victimes de deux guerres de l'opium, les autorités chinoises sont vent debout pour dénoncer les ravages de cette drogue sur leurs populations. Elles sont appuyées dans ce combat par une fraction non négligeable des missionnaires occidentaux qui, sincèrement effarés, constatent les effets dévastateurs de l'opium sur les populations qu'ils côtoient dans leurs terres de mission.

Aux États-Unis, si l'usage de l'opium dans la diaspora chinoise pose problème aux autorités, la cocaïne, elle aussi, devient une question politique, comme le rapporte l'historien Paul Gootenberg : « Après 1900, un "marché parallèle" de la cocaïne avait déjà émergé dans les villes, parmi les franges de la population vivant dans les quartiers mal famés : voleurs, prostituées et voyous appartenant à des gangs. Cette réalité, associée à la recrudescence de consommateurs chroniques de cocaïne, est à l'origine d'une construction sociale d'un nouveau type : le "démon de la cocaïne", produit d'une somme de petites vérités exagérées. Le racisme n'y était certainement pas étranger – pas moins que la culture de la cocaïne, très vivante à l'origine chez les Afro-Américains –, mais les inquiétudes générées par la cocaïne étaient d'un autre ordre [...] la drogue était perçue comme le symbole du pouvoir sans limite et de la cupidité des firmes pharmaceutiques, les premières à en avoir fait la promotion. [...] La plupart des industriels et distributeurs présents sur le marché américain de la cocaïne, tout comme les lobbies pharmaceutiques, se joignirent à la croisade en vue de préserver leur image. » Ce mouvement social anti-cocaïne, indique Gootenberg, est poussé jusqu'à l'absurde, comme le montrent les actions intentées par le Bureau de la chimie contre le Coca-Cola sans cocaïne dans les années 1909-1911. « Ainsi ce qui débuta comme un mouvement régulateur médical et rationnel s'acheva, après bien des transformations dans les années 1920, par la mise en place d'un des régimes les plus répressifs du monde en matière de drogue. »

C'est dans ce contexte que les premières initiatives en vue d'une régulation globale des drogues commencent à faire leur chemin, à la demande des États-Unis et de la Chine qui réclament des règles juridiques contraignantes au niveau international, soumises à traités. Une Commission internationale de l'opium se tient à Shanghai en 1909, à l'initiative du président américain Théodore Roosevelt. « Les États-Unis, qui occupent alors les Philippines et y ont constaté les dégâts causés par l'usage de l'opium, y défendent l'idée d'une croisade morale contre les drogues. La commission accouche d'une déclaration mais pas d'un accord », indique Marcel de Kort. « Mais les États-Unis ne désarment pas. Les Pays-Bas rechignant à honorer leur promesse d'organiser une nouvelle conférence, les

Américains menacent d'organiser cette conférence sur leur propre sol, à Washington. Soucieux d'éviter l'incident diplomatique, les Pays-Bas cèdent. » En 1912, une Conférence internationale de l'opium se tient à La Haye (Pays-Bas) qui va conduire à la première convention internationale sur l'opium. Celle-ci vise à contrôler les usages non médicaux et « illégitimes » de l'opium, de ses dérivés opiacés (morphine et héroïne) et de la cocaïne. En clair : restreindre l'usage de l'opium et de son commerce en Asie et réduire la production de cocaïne, d'héroïne et de morphine dans les usines européennes.

À l'époque, la plupart des puissances coloniales, parmi lesquelles les Pays-Bas, disposent de monopoles sur la distribution de l'opium dans leurs colonies et n'entendent pas y renoncer. Lors des conférences internationales, où il n'est question que de la réduction de la demande et de l'offre, l'argumentaire des Pays-Bas est parfaitement rodé : le problème est le trafic illégal, qu'il faut combattre dans le cadre d'une coopération internationale. En revanche, la réduction des volumes consommés, les politiques en direction des usagers (fumeurs d'opium ou consommateurs de cocaïne) doivent rester la prérogative des États, seuls à même de réguler les usages excessifs. Face aux Américains et aux Chinois, les Pays-Bas disposent d'alliés comme l'Allemagne, qui ont eux aussi le souci de défendre les intérêts de leurs entreprises pharmaceutiques, ou encore le Japon qui, de son côté, entend préserver ses positions comme distributeur de cocaïne et de morphine en Asie. C'est la victoire alliée à l'issue de la Grande Guerre qui va faire pencher la balance et conduire à une étape décisive, comme le note l'historien hollandais Stephen Snelders. Dandy rock aux gestes lents vêtu de noir, portant bottines et mèches folles, ce chercheur de l'université d'Utrecht est l'auteur du magistral ouvrage *Drug Smuggler Nation. Narcotics and the Netherlands, 1920-1995*, somme historique inédite sur la longue histoire du commerce des drogues aux Pays-Bas (cité en introduction) : « La convention de La Haye de 1912 et sa ratification s'intègrent au traité de Versailles de 1919. En sus, un mécanisme permanent de contrôle international est créé : la Société des Nations, chargée de la supervision générale de l'application des engagements internationaux en matière de contrôle des drogues. En 1919, faire partie de cette coalition internationale antidrogues devient quasiment un prérequis pour tout État qui souhaite faire pleinement partie de la communauté internationale[4]. »

Et c'est ainsi qu'en 1919, sous la pression des États-Unis, les Pays-Bas se résignent à adopter l'*Opium Act* censé mettre en œuvre les accords internationaux de 1912 au niveau national. Ceux-ci prohibent la production et la distribution de la cocaïne, de l'opium et de ses dérivés (morphine et héroïne), limitant leur emploi au

4 *Drug Smuggler Nation. Narcotics and the Netherlands, 1920-1995*, Manchester University Press, 2021.

seul usage médical. C'est la fin d'une époque, celle de l'accès en vente libre des stupéfiants. Seule la médecine peut désormais y avoir accès, et seuls les patients détenteurs d'une ordonnance peuvent s'en procurer.

A priori, les Pays-Bas, qui prônent un cadre international fondé sur la régulation des marchés au niveau national, dans le but de défendre leurs intérêts économiques sur des marchés florissants, ont tout à perdre dans ce nouveau système qui instaure un régime global de prohibition. S'ils acceptent de passer sous les fourches caudines qu'imposent les traités, alors que, sur le sol national, la consommation d'opium est quasi inexistante, c'est dans le seul but de ne pas devenir des parias sur la scène diplomatique internationale. Et non sans s'être assurés d'avoir couvert leurs arrières : leurs colonies ne seront pas concernées par la loi, et leurs compagnies pharmaceutiques pourront toujours légalement écouler leur production, discrètement assurées que l'État saura fermer l'œil en cas de manquements. « Médecins et pharmaciens, quant à eux, ne sont pas mécontents : la loi leur confère désormais le monopole de la distribution de drogues », précise l'historien Marcel de Kort.

L'*Opium Act* tant redouté en deviendrait presque un non-événement. Au point que la loi, votée le 4 octobre 1919, ne fait même pas l'objet d'un débat au Parlement.

Ce que personne n'anticipe à l'époque, ce sont les conséquences de l'*Opium Act* pour les Pays-Bas et pour le monde. Ce régime international de régulation par la prohibition produit l'effet contraire de celui escompté : des acteurs non étatiques (les entrepreneurs criminels) tissent leurs réseaux au niveau local, puis s'étendent à l'international. Cela conduit à toujours plus de régulation et de prohibition à l'échelle globale et, par ricochet, à toujours plus d'opportunités offertes aux entrepreneurs locaux pour étendre leur activité. D'où le constat, implacable, de Stephen Snelders dans *Drug Smuggler Nation. Narcotics and the Netherlands, 1920-1995* : « L'introduction de l'*Opium Act* n'est pas tant une réaction à un phénomène d'abus de drogues qu'un facteur important dans la naissance de ce phénomène[5]. » En d'autres termes, la prohibition est la condition de l'émergence du marché noir. C'est ainsi qu'avec la criminalisation de la drogue naît le modèle économique moderne du trafic des stupéfiants : « C'est au moment précis où nous avons décidé, en tant que sociétés, que ces drogues devaient être illégales, que la rentabilité du modèle criminel est née », indique Tom Decorte, professeur de criminologie à l'université de Gand. Aux Pays-Bas, toujours à la pointe dans les affaires commerciales, certains ne vont pas perdre de temps pour s'installer sur ces nouveaux marchés, en dessiner les grandes lignes, en inventer les règles. Avec l'appui tacite de l'État hollandais chaque fois qu'il s'agit de défendre les champions nationaux.

5 *Ibid.*

Vertige du temps et illusion des apparences. Depuis des siècles, l'argent coule sous les ponts de la paisible Amsterdam. Édifiés par les grandes fortunes, au sommet de l'âge d'or hollandais, les quartiers qui bordent les canaux n'offrent pas seulement un spectacle pittoresque aux touristes qui parcourent la ville. Ils nous disent en silence que nombre de ces splendides demeures furent financées par ce qu'on appelle aujourd'hui l'« argent de la drogue ».

5

Les associés de l'ombre : du monopole colonial au marché sans visage (1919-2000)

« L'approvisionnement illégal en drogues n'est pas devenu le fait de grandes organisations criminelles, mais plutôt de réseaux flexibles et temporaires agrégeant des partenaires individuels. »

Stephen Snelders
*(*Drug Smuggler Nation.
Narcotics and the Netherlands,
1920-1995*)*

S : « Yooo-Yoo -10 sacs de sport FDSQSD vers 3 h 30 du mat'. Frère-y en a 268 pièces -10/12 sacs c-ok-camionnette chez X. L'adresse : Oostdijk »

Message d'un narco,
décrypté par la police

Au sortir de la Première Guerre mondiale, les Pays-Bas pensent, avec l'adoption de l'*Opium Act*, avoir résolu un problème diplomatique épineux et préservé leur rang dans le concert des nations. Ils héritent en réalité d'un problème, toujours pas résolu à ce jour, celui de la meilleure, ou de la moins mauvaise, façon de lutter contre le trafic de drogues à l'échelle internationale. Les choix, ou plutôt les contradictions, politiques de l'époque contribuent à l'exacerbation du phénomène. Si les ministères de la Justice et de l'Intérieur s'inquiètent des dérives mercantiles et d'un jeu dangereux avec la loi, les ministères du Travail et des Finances, soucieux quant à eux de défendre le commerce extérieur et les intérêts économiques du pays, ferment les yeux… et ce sont ces derniers qui vont gagner les arbitrages gouvernementaux pour que le commerce continue et prospère. Le message implicite de l'État hollandais est clair : « Continuez à faire du business, tant que cela reste discret et que cela semble légal. »

Pendant une dizaine d'années après l'adoption de l'*Opium Act*, aucune affaire significative de trafic n'est signalée. Personne ne sait réellement, aujourd'hui encore, si les entreprises pharmaceutiques et les pharmacies du royaume ont déjà mis en place des circuits de distribution illégale. Une chose est sûre : si marché noir il y a, il concerne davantage l'opium et ses dérivés que la cocaïne, dont la demande et les cours chutent continûment tout au long des années 1920. Comme le signale l'historien Paul Gootenberg dans *Cocaïne andine*[1], le réseau de cocaïne néerlandais faiblit presque aussi vite qu'il avait émergé : « En 1920, la coca de Java satisfaisait presque les douze tonnes de la demande mondiale de cocaïne. Mais, durant les années 1920, les prix s'effondrèrent et les revenus devinrent très instables. Une tentative de diversification fut alors opérée avec la production de novocaïne, un nouveau substitut à la cocaïne complètement synthétique. À la fin des années 1920, la production néerlandaise s'était littéralement effondrée et, entre 1929 et 1931, les Pays-Bas choisirent de se soumettre pleinement au contrôle de l'exportation de coca et de cocaïne selon les termes définis par la SDN [Société des Nations]. Et ce, en dépit d'un désaccord avec la croisade antidrogue américaine et du favoritisme fiscal dont bénéficiaient les producteurs d'opium dans les colonies néerlandaises. »

Premier scandale public

En mars 1928, l'opium resurgit dans le débat public, signalant les débuts « officiels » du narcotrafic tel qu'on le connaît aujourd'hui. Dans le port de Rotterdam, deux policiers zélés saisissent soixante kilos d'héroïne à bord d'un navire à destination de Shanghai. La cargaison appartient à la Chemical Factory Naarden (CFN), une entreprise importante et tout à fait légale. Une enquête

1 Paul Gootenberg, *Cocaïne andine*, *op. cit.*

est ouverte. La marchandise incriminée, qui provient de l'usine de Naarden, a été expédiée à Anvers, d'où elle est repartie pour Rotterdam, où elle est officiellement en transit avant son départ vers la Chine. Ainsi n'a-t-elle pas été formellement « importée » aux Pays-Bas. Durant le transit, les cargaisons ont été reconditionnées et réétiquetées « Exportation ». À ce titre, aucune poursuite ne peut être engagée contre la CFN. Mais si les policiers établissent rapidement que le directeur de la CFN, qui ignore tout de la cargaison incriminée, n'a rien à se reprocher, elle identifie l'homme à l'origine de l'affaire : le directeur des ventes de la CFN, un certain Nieuwenhuis. Celui-ci n'ignore rien des failles de la loi ; il est très impliqué dans le commerce international de drogues licites, produites ailleurs en Europe, en particulier à destination du marché chinois, alors le plus grand marché illégal de morphine et d'héroïne au monde, où cinq tonnes sont livrées tous les mois.

À l'époque, l'affaire fait un certain bruit. Bien que la presse et certains ministères prennent sa défense, Nieuwenhuis est licencié par la CFN. Mais, loin d'être marginalisé, il poursuit ses activités d'import-export en indépendant. Quelques mois plus tard, en décembre 1928, il parvient même à se faire attribuer une licence officielle d'importation de l'opium malgré les protestations du ministère de la Justice. Dans les faits, il n'a pas attendu de l'obtenir pour se procurer, à des fins commerciales, de la morphine, de la cocaïne et de l'héroïne en provenance de Turquie auprès d'un intermédiaire basé à Paris. L'année suivante, les autorités britanniques, au fait de ses activités, refusent de lui accorder une licence d'exportation de morphine produite au Royaume-Uni à destination des Pays-Bas, ce qui témoigne de la fâcheuse réputation du personnage.

À l'origine de l'enquête contre Nieuwenhuis, A. H. Sirks, un commissaire de police de Rotterdam qui, en 1932, met sur pied le Nederlandsche Centrale tot bestrijding van de smokkelhandel in verdoovende middelen (Centre hollandais de lutte contre le trafic de narcotiques), une brigade spécialisée plus connue sous le nom *De Centrale*. À ses débuts, sa brigade ne compte que deux policiers, mais Sirks voit loin. Comprenant que Rotterdam, du fait de la taille de son port, l'un des deux plus grands d'Europe à l'époque, est l'un des épicentres du trafic de drogues aux Pays-Bas, il crée la police fluviale, dispose d'antennes dans d'autres villes du pays, intensifie la lutte contre les trafics en mettant en place un fichage des contrebandiers, et collabore avec le FBI pour jeter les bases d'un renseignement criminel international. Sous la houlette de l'énergique *police commissionner*, *De Centrale* devient une pièce maîtresse des dispositifs européens de lutte contre le trafic de stupéfiants. Marcel de Kort : « Sirks développe une méthode de documentation systématique et accumule des milliers de fiches sur les médecins et pharmaciens hollandais qui vendent sous le manteau mais aussi sur les réseaux transnationaux, de Shanghai à Marseille. » Ce fichage constitue aujourd'hui encore un trésor pour les historiens du narcotrafic.

Les enquêtes menées par *De Centrale* sur Nieuwenhuis révèlent l'étendue des liens que l'homme entretient avec une nébuleuse de trafiquants internationaux opérant dans le secteur des armes et des stupéfiants, liens qui ne feront que s'affermir dans les années 1930, après son départ de la compagnie. À l'époque, Nieuwenhuis est très défavorablement connu des services de police européens. Extraits d'un rapport le concernant : « Faisant suite à notre rapport du 25 novembre 1932, il apparaît que Nieuwenhuis est à Paris. Et il est à peu près certain qu'il s'emploie à transformer 2 000 kg de morphine en héroïne. Il est probable que l'opération serait faite à Paris ou dans les environs de Paris. » Fort de ses contacts en Chine, au Japon, en Turquie, en Suisse, en Allemagne, au Royaume-Uni, en France, Niewenhuis est incontournable. Marcel de Kort : « En l'espace de dix-huit mois, il est établi qu'il gère à lui seul la vente et le transport de 50 % du trafic mondial d'opium, de morphine, d'héroïne et de cocaïne. » Au siège de la Société des Nations, chargée de la supervision de la régulation antidrogues à l'échelle internationale, le dossier Nieuwenhuis s'épaissit au fil des ans, à mesure que s'accumulent les affaires le concernant. À ce titre, l'ancien directeur des ventes de la CFN peut être considéré comme l'un des pionniers du trafic de drogue de l'ère moderne. Et ce pionnier n'est ni un gangster ni un criminel de métier mais, comme le définit Marcel de Kort, « un délinquant en col blanc, un homme qui ruse avec la loi, ne l'enfreint jamais explicitement et qui pour cette raison n'a jamais été condamné, alors même qu'il fait commerce d'énormes quantités de drogues ». À l'époque, Nieuwenhuis fait notamment affaire avec Salomon Hoornstra, trafiquant d'armes et de drogues hollandais considéré par la police hollandaise comme un gros poisson en lien avec des trafiquants japonais. Ces réseaux de trafiquants en col blanc ont la particularité de tirer parti des dernières innovations de l'époque : communications par code télégraphique, usage du système bancaire international.

Le climat est alors propice aux trafics. Dans les années 1930, l'encadrement toujours plus strict de la production de stupéfiants au niveau international conduit à l'apparition de centaines de petites usines de transformation d'opium en Turquie mais aussi en Bulgarie, Albanie, Yougoslavie, à la périphérie de ce qui était encore quelques décennies plus tôt l'empire ottoman, à destination des marchés européens, américains et chinois. À la tête de ces réseaux, des contrebandiers grecs dont les cargaisons passent par Brindisi, Naples, Marseille, Amsterdam, Rotterdam... autant de figures historiques tombées aujourd'hui dans l'oubli, comme Georges Bakladjagou, pharmacien et trafiquant ; Salomon Eskenazi, négociant d'Istanbul ; ou encore le trio du gang de Corfu : Constantin Scordillis (également connu sous le nom de Dimitri ou encore George Scordillis), Anastase Peroulis et Iphicrates

Zoudanos, tous trois connus pour travailler main dans la main avec des contrebandiers chinois. Si les trafiquants grecs jouent un rôle important dans le trafic international à cette époque, ce n'est pas par hasard. Au début des années 1920, la Grèce est le sixième pays producteur d'opium au monde. Et lorsqu'à la fin de la décennie la production locale d'opium commence à diminuer, le port de Thessalonique continue de jouer un rôle important dans l'exportation de l'opium venu de Serbie où les cultures s'étendent.

Aux sources de Rastapopoulos

À l'époque, l'image du trafiquant de drogues qui se forge dans les consciences collectives est celle du sinistre baron de la drogue, contrôlant un vaste empire criminel secret, dont la première incarnation culturelle est celle de Rastapopoulos, l'ennemi juré de Tintin reporter qui apparaît dans *Les Cigares du pharaon* (1934) et *Le Lotus bleu* (1936). Ce personnage n'est pas le seul fruit de l'imagination fertile du dessinateur belge. La presse fait alors régulièrement état des saisies dans le port d'Anvers, déjà un *hub* essentiel dans le trafic international de drogues. En mai 1931, la police belge saisit sur le port quatre caisses contenant 1 200 kg d'opium en provenance de Turquie, sous l'appellation « fruits séchés ». La marchandise en transit depuis les Pays-Bas avait pour destination les États-Unis.

Et s'il est un homme dont Hergé s'est probablement inspiré pour le personnage de Rastapopoulos, c'est Élie Eliopoulos, l'un des plus grands trafiquants grecs de l'époque, dont l'apparence rappelle celle d'un Méphistophélès. En mai 1932, la police de Berlin arrête ce dernier dans un train express allemand et annonce qu'une organisation internationale de trafiquants disposant de ramifications aux quatre coins du monde a été démantelée.

Les autorités hollandaises surveillent d'autant plus ces trafics qu'ils redoutent que la consommation locale d'opium, essentiellement le fait des travailleurs chinois du port de Rotterdam, ne déborde sur la population hollandaise. Marcel de Kort : « À Rotterdam, si on cherchait à acheter de la cocaïne, il fallait se rendre dans les tavernes du Quartier Rouge. On en trouvait partout. Chez les patrons de bar, les prostituées, les marins, les Chinois qui fumaient l'opium, les pharmaciens, chez certains médecins qui prescrivaient des quantités énormes à leurs patients. Il y avait là tous les trafics et les usages que l'on peut imaginer. Et ce qu'on observait ces années-là, c'était sous une forme encore embryonnaire de ce qu'on peut voir de nos jours : agents des stups infiltrés, drogues de synthèse, inventivité des trafiquants. Tout cela est présent dès les années 1920-1930. Et ce qui est fascinant, c'est que tout ça est une réaction à la régulation internationale et aux lois antidrogues de chaque pays. » À l'époque, *De Centrale* s'inquiète fortement du statut de plaque tournante des Pays-Bas. De fait, le pays importe de l'opium venant des Indes orientales hollandaises, de Turquie, de Chine et de Mandchourie. Ses ports, où triment dans des conditions épouvantables les travailleurs chinois, sont également un lieu de transit et de réexportation à destination des Antilles néerlandaises et du Vénézuela, où une main-d'œuvre chinoise abondante opère pour le compte de sociétés pétrolières.

Paisibles péniches

Il ne faut pas attendre longtemps avant que d'autres opérateurs ne comprennent à leur tour le profit qu'ils peuvent tirer des nouveaux marchés de la drogue grâce aux fuites qui surgissent à tous les niveaux de la chaîne de production et de distribution de cocaïne. À l'usine pharmaceutique du laboratoire Merck de Darmstadt, en Allemagne, les évaporations de cargaisons, colossales, sont le fait d'employés d'usines de mèche avec des contrebandiers. La police hollandaise se déclare impuissante à contrôler ces derniers, qui roulent de nuit sur de petites routes de campagne pour échapper aux contrôles policiers quand ils n'ont pas recours aux péniches qui, par milliers, convergent paisiblement chaque jour vers la Hollande et la Belgique. Des images familières à ceux qui se sont délectés de la légendaire série télévisée américaine *Les Incorruptibles*, avec l'inspecteur Eliot Ness, suivie, au début des années 1960, par un ménage américain sur trois mais que peu associeraient spontanément au pays de la tulipe.

Opium, cocaïne, les produits se retrouvent dans les lieux de la nuit, notamment dans les provinces frontalières. Les profils des revendeurs sont aussi variés que possible : proxénètes, patrons de bar, employés des chemins de fer, garagistes, chauffeurs de taxi, pharmaciens, médecins... voire policiers. Dans *Drug Smuggler Nation. Narcotics and the Netherlands, 1920-1995*, Stephen Snelders analyse avec autorité les grandes tendances du trafic de drogues de l'entre-deux-guerres, et se livre à ce travail avec une attention marquée pour les détails qui n'en sont pas. C'est ainsi qu'en décembre 1934, selon l'historien, deux contrebandiers hollandais connus des services de police se font arrêter à la frontière de la Belgique au volant de leurs motos par la *marechaussee* (la police militaire chargée des contrôles aux frontières) avec trois kilos d'opium dissimulés dans des canettes de métal. L'enquête de la brigade des stups révèle que la cargaison avait déjà été interceptée par la police quelque temps auparavant mais que le fonctionnaire chargé de sa destruction l'avait revendue à des contrebandiers, lesquels avaient roulé le fonctionnaire en question en le payant en billets de banque contrefaits.

Toutes les belles histoires ont une fin. Dans la seconde moitié des années 1930, la contrebande de drogues s'éteint d'elle-même. Marcel de Kort : « C'est en tout cas la conclusion de la Société des Nations, des forces de police, et c'est probablement vrai. Il y a plusieurs raisons à cela. Le système de régulation international était arrivé à maturité. Les usines ne pouvaient plus produire les volumes qu'elles désiraient. La production était strictement cantonnée aux usages médicaux, et non plus aux drogues récréatives. S'ajoutait à cela le fait qu'en Indonésie, en Chine, fumer l'opium était passé de mode. Peut-être aussi que la police était moins impliquée dans la traque des contrebandiers et dans le fait de faire respecter l'*Opium Act.* » *De Centrale* est le témoin vivant de cette évolution. Avec le départ en retraite du commissaire Sirks et au motif de la diminution des trafics, la brigade baisse la garde. Elle ne reprendra vie qu'après guerre.

Pendant la Seconde Guerre mondiale, les Pays-Bas sont occupés. Le temps des trafics internationaux semble avoir sonné. Le trafic maritime international est à l'arrêt, coupant mécaniquement les routes de l'opium en provenance du Moyen-Orient. L'invasion de Java par les troupes japonaises entre 1942 et 1945 met un terme définitif à la culture de la coca par les autorités coloniales sur l'île. Avec l'occupation américaine qui s'ensuit, les Pays-Bas doivent détruire ce qui reste des plantations de coca. Dans l'immédiat après-guerre, les Pays-Bas, comme les autres pays d'Europe, sont occupés à panser les plaies, à entamer la reconstruction.

À Rotterdam, éventrée par les bombardements, l'objectif est le même qu'au Havre : faire resurgir de terre une ville et son port. Mais avec une ambition encore plus grande : le port, largement détruit, se doit de retrouver *a minima* le rang qu'il occupait avant guerre, celui de deuxième port du monde. Un chantier s'ouvre alors, qui va s'étaler sur plusieurs décennies. La question des drogues semble relever de l'histoire ancienne : d'après Stephen Snelders, une partie du marché noir est encore alimentée par les surplus militaires – morphine et cocaïne issues des stocks alliés ou allemands – mais ceux-ci arrivent à épuisement vers 1955. Sur le front international, si les Nations unies remplacent la Société des Nations, le cadre de prohibition se renforce. En 1951, les Pays-Bas réalisent la plus grosse saisie de l'après-guerre (soixante kilos), en provenance pour l'essentiel d'Iran, dans le port de Rotterdam. Après 1952, le total annuel des saisies ne dépasse presque jamais dix kilos. En 1953, la production, la possession et la vente de cannabis sont prohibées aux Pays-Bas, ce qui ne pose guère de problème du fait de son usage limité. Il en va de même pour l'opium. En 1957, année de sa dissolution, *De Centrale* estime que le trafic de drogues a pratiquement disparu. Le cadre de régulation international semble fonctionner, à la satisfaction de tous. En 1962, le comité des narcotiques des Nations unies estime qu'« en Europe, il n'y a plus de problème de drogues ».

Peu, à l'époque, comprennent que le monde occidental est à la veille d'une mutation profonde avec l'émergence de la contre-culture. Et qu'avec elle, un produit qui ne fait alors guère parler de lui va prendre son envol : le cannabis.

Terre martyre

Dans les années 1960, la géographie mondiale des stupéfiants est en pleine recomposition, et cette recomposition prospère dans le sillage de la décolonisation. Les rejetons rebelles de la vieille Europe prennent la route, influencés par la contre-culture américaine et épris d'ailleurs : le Maghreb, l'Orient, l'Asie. Ils sont en quête de rencontres, d'expériences, de vérité, et pourquoi pas de révélations. L'Afghanistan, l'Iran, le Liban, mais surtout le Maroc, si proche, promesse d'une Arabie atlantique à portée de bateau. À l'extrême nord de ce pays, dans les montagnes du Rif, les voyageurs découvrent un monde rural pauvre, isolé, mais hospitalier. Un mode de vie plus que frugal, rythmé par les saisons… et l'usage d'un mélange de tabac et de fleurs ou de feuilles de cannabis séchées destiné à être fumé : le kif. Le cannabis se cultive ici depuis des siècles, immuablement. La nouvelle demande venue d'Europe va donner une valeur économique insoupçonnée à ces cultures. C'est à cette époque qu'apparaît dans le Rif une nouvelle technique enseignée par des Européens installés sur place : le pressage du cannabis et sa transformation en résine. Au fil du temps, le kif va progressivement céder sa place au hasch, résine de cannabis plus dense, plus facile à transporter et plus rentable pour les producteurs et les revendeurs.

Dans les années 1960 – les hippies l'ignorent sans doute –, le Rif est une terre martyre. À la fin des années 1950, les mouvements de protestation se multiplient dans cette région berbère historiquement rebelle. On s'y soulève contre la misère économique et sociale et l'absence de représentation politique dans le nouvel État marocain indépendant. En 1959, le fils du roi du Maroc Mohammed V, le prince Hassan, alors chef d'état-major des Forces armées royales, lance une *harka* (opération punitive) et mobilise 30 000 soldats pour réprimer l'« insurrection ». Assistés de militaires français, les avions des FAR mènent durant plusieurs semaines des campagnes de bombardements. En une dizaine de jours de combats extrêmement violents, 8 000 habitants du Rif sont tués, des milliers d'autres blessés ; et 8 420 personnes sont faites prisonniers politiques. Les villages sont méthodiquement pillés, les maisons incendiées au pétrole, les magasins saccagés, les femmes et les enfants violés. Gestes d'une cruauté inouïe, révélateurs du caractère très particulier du Rif aux yeux du pouvoir marocain, au point que le futur Hassan II fera le choix de ne plus y mettre les pieds pendant quarante ans. De périphérie oubliée du royaume, le Rif devient un trou noir politique, un espace que les autorités marocaines ont pour but de vider le plus possible de sa population en encourageant l'émigration de sa population vers une Europe en pleine croissance économique et forte consommatrice de main-d'œuvre. Des accords de recrutement de travailleurs sont passés avec l'Allemagne, la France, la Belgique et les Pays-Bas. Entre 1965 et 1972, le nombre de Marocains résidant en Europe est multiplié par dix.

Parmi les métropoles européennes qui s'ouvrent à l'immigration rifaine, Amsterdam, la cité où bat le cœur de la contre-culture européenne et où s'épanouit le mouvement hippie, grand apôtre du cannabis. Les hippies ne se contentent pas de consommer, ils aiment aussi partager leurs découvertes. Et certains d'entre eux passent de la consommation au trafic. Ils deviennent passeurs « culturels » autant que revendeurs et sont les premiers à ramener du cannabis sous forme de résine depuis le Maroc ou le Liban. Des années durant, ce commerce va rester artisanal, improvisé : on transporte le produit dans des valises, des sacs de couchage, des caisses de matériel de musique. À Amsterdam, squats, péniches, festivals, cercles artistiques forment un marché de proximité, fondé sur une culture partagée.

Séparer les marchés

Dans la seconde moitié des années 1960, les interpellations pour usage de cannabis grimpent en flèche aux Pays-Bas. De 1967 à 1971, elles sont multipliées par dix. La première saisie dépassant le quintal est faite en 1971 : 110 kg de haschich marocain importés par un consortium d'entrepreneurs criminels de Rotterdam sont trouvés dans un avion. En 1972, 225 kg de haschich sont saisis en provenance de Karachi, au Pakistan. En 1973, le total des saisies atteint quasiment six tonnes. Les cargaisons viennent du Liban, du Maroc ou d'Afghanistan. Le plus souvent par avion, suivant le *hippie trail* (la « route hippie »), mais aussi par la voie maritime, dans la grande tradition des marins hollandais adeptes de la contrebande.

Le cannabis s'apprête à rentrer dans une ère de consommation de masse, et la contrebande va se professionnaliser sous la houlette de groupes criminels hollandais. Un binôme, en particulier, se montrera très actif, au point d'incarner cette époque : Blonde Greet, gérante du bar *La Mouette* dans le Quartier Rouge d'Amsterdam, et son compère Simon Adriaanse (plus connu sous le nom de Frits van de Wereld), contrebandier, proxénète, gérant de salles de jeu du Quartier Rouge, et disposant de moyens conséquents pour investir dans un marché en pleine croissance. Le binôme se fournit en cannabis auprès de marins venus d'Indonésie et les revend sur le marché local deux fois le prix d'achat.

Focalisée sur la progression de la consommation de ce produit, la police hollandaise tarde à comprendre qu'une drogue peut en cacher une autre. En novembre 1971, elle arrête à Amsterdam deux trafiquants chinois en possession d'opium, mais aussi d'héroïne et de morphine base. L'historien Stephen Snelders commente ainsi cette prise : « La possession d'héroïne est alors quelque chose d'inédit. Le même mois, un Hollandais est retrouvé mort dans un squat au centre d'Amsterdam. Cause du décès : overdose d'héroïne, le premier jamais enregistré par la police. Ces deux événements sont les premiers signes d'un nouveau problème de drogues qui va prendre des dimensions explosives les années suivantes. À partir de 1971, l'usage d'opiacés augmente significativement dans la population, de même que les saisies d'héroïne (qui supplante alors définitivement l'opium). Le nombre d'usagers d'opiacés (hors lieux de soins) est estimé à quelques centaines en 1970. En 1973, on compte 1 500 usagers d'héroïne rien qu'à Amsterdam. En 1975, le pays compte entre 4 000 et 5 000 usagers. Le chiffre monte à 10 000 en 1977, puis à 30 000 en 1983. Stephen Snelders : « Plus inquiétants encore sont les effets visibles assez choquants de l'usage illégal d'héroïne : certains quartiers d'Amsterdam et d'autres villes deviennent des “*no-go zones*” pour les riverains, des terrains propices à l'infiltration criminelle, à la prostitution, au trafic des drogues, des lieux dans lesquels l'autorité de l'État et de la police est mise à mal. »

En 1977, Amsterdam est considérée comme la capitale européenne de l'héroïne, supplantant au passage Marseille, victime du démantèlement, quelques années auparavant, de la French Connection. Cette nouvelle plaque tournante est sous la coupe des triades chinoises telle la célèbre 14K, basée à Hong Kong. Les triades, qui ont fourni les GI's américains lors de la guerre du Vietnam, n'entendent pas perdre leur clientèle. Elles cherchent de nouvelles routes pour accéder au marché américain, et ces routes passent par l'Europe. Une fois encore, les Pays-Bas apparaissent comme le pays idéal : leur géographie en fait un *hub* incontournable pour le commerce, ses infrastructures logistiques sont excellentes et, surtout, la communauté chinoise de Rotterdam et Amsterdam est issue des mêmes régions du sud du pays que les trafiquants et se prévaut d'un demi-siècle de tradition de contrebande d'opium en provenance de Hong Kong ou Singapour.

Les autorités hollandaises suivent de près l'explosion de la consommation d'héroïne et la crise sanitaire et sociale d'ampleur qu'elle génère dans les quartiers populaires, chez les jeunes en rupture et les migrants précaires. Mais les évolutions propres aux réseaux criminels les inquiètent tout autant. Dans la seconde moitié des années 1970, les conflits de territoire entre trafiquants chinois vont conduire à l'émergence de nouveaux réseaux turcs, kurdes et, à un moindre degré, pakistanais. Les cargaisons sont acheminées dans des pays disposant de larges communautés turques (Allemagne et Italie). L'héroïne est alors introduite en contrebande aux Pays-Bas avant de repartir vers le Royaume-Uni, la Belgique, la France et l'Espagne. Les réseaux turcs utilisent les compagnies de transport hollandaises pour échapper à la vigilance de la police et des douanes.

La destination la plus cool du monde

Face à cette situation, le regard de l'État sur les drogues change du tout au tout. Les autorités prennent conscience que les marchés sont poreux, que, dans la rue, les consommateurs de cannabis peuvent croiser le chemin des dealers d'héroïne. Pour enrayer cette dynamique, une décision politique majeure est prise : séparer les marchés. C'est l'objet de la réforme de l'*Opium Act* en 1976, qui distingue légalement les drogues présentant « un risque inacceptable » (l'héroïne, la cocaïne) de celles jugées infiniment moins dangereuses (le cannabis), et qui, sur cette base, appelle des réponses sanitaires et répressives radicalement différentes. Le distinguo « drogues dures / drogues douces » est né. Et avec lui, la politique de réduction des risques, qui, depuis, a révolutionné la prise en charge sanitaire et sociale de la toxicomanie.

Cette révision de l'*Opium Act*, couplée à l'essor de la consommation, va consacrer l'émergence d'un phénomène unique en son genre dans le monde occidental : les *coffee-shops*, soit des espaces dédiés à la vente de cannabis mais soumis au contrôle de la loi. Ces derniers vont devenir des outils essentiels pour réduire les nuisances publiques, neutraliser les trafics visibles et limiter la violence urbaine. Dès 1972, à Amsterdam, des lieux de vente comme le *Mellow Yellow*, le *Bulldog* et le *Rusland* fonctionnent dans une semi-légalité. Désormais, les *coffee-shops*, pour peu qu'ils respectent un certain nombre de règles, dont l'interdiction de la vente aux mineurs, ont pignon sur rue. Grâce à eux, Amsterdam se bâtit une réputation imbattable, celle de la destination la plus cool du monde.

Le modèle néerlandais repose sur un paradoxe juridique : on autorise la vente au détail de cannabis dans les *coffee-shops* tout en maintenant la production dans l'illégalité. C'est l'épineux problème du *backdoor*, la « porte de derrière », où rentrent les produits, par opposition à la « porte de devant », celle que franchit l'acheteur. La question que soulève le *backdoor*, c'est celle de l'approvisionnement : comment un établissement se fournit-il en cannabis si la culture et l'importation en restent interdites ? L'État hollandais est évidemment conscient de cette contradiction, mais assume le fait de fermer les yeux sur les circuits de culture clandestine ou semi-clandestine, souvent localisés dans des caves, des greniers ou des serres improvisées.

Dans les décennies qui vont suivre, les voisins européens des Pays-Bas, et notamment la France, auront beau jeu de dénoncer le laxisme de ce système, alors que leurs propres dispositifs, fondés exclusivement sur la prohibition et la répression, traduisent une politique du pire, incapable de prendre en compte la question de la protection des usagers à laquelle les autorités hollandaises, à l'unisson de leur population, accordent tant d'importance.

Cette politique de tolérance, ce choix du moindre mal restent dans l'histoire comme une immense réussite sur le plan sanitaire et social, à mettre au crédit du légendaire pragmatisme hollandais. Elle a toutefois un défaut : celui d'alimenter l'économie parallèle du cannabis. Dans les années 1970, les premiers réseaux sont, on l'a dit, populaires, artisanaux et souvent familiaux. Un jeune hippie ramène un peu de résine du Maroc dans son sac à dos, tandis que d'autres cultivent quelques plants à domicile pour alimenter discrètement un *coffee-shop* ou revendre aux amis. Parmi les Rifains immigrés de fraîche date aux Pays-Bas, certains profitent de leurs vacances au bled pour rapporter de petites quantités de cannabis, qui leur offrent des bénéfices à l'origine modestes mais de plus en plus réguliers.

Cette économie, artisanale à ses débuts, ne tarde pas à évoluer. Dirk Korf, criminologue et fin observateur de l'époque, l'a vécue au plus près. Vivant dans une péniche stationnée sur un canal d'Amsterdam où il reçoit en chaussons, il a l'humour acide des vieux routiers : « Quand on repense aux années 1960-1970, une vision romantique circule sur le thème "nous sommes tous hippies, donc tous anticapitalistes". Mais, parmi les hippies, il y a toujours eu des entrepreneurs. Ceux-là portent certes un manteau afghan qui sent la chèvre mais ils ont aussi besoin de financer leur voyage, de se trouver des hôtels corrects. Et au fil du temps, ces entrepreneurs feront partie intégrante du mouvement de la contre-culture ». Parallèlement, d'anciens hippies, revenus du Maroc ou du Liban avec des graines de cannabis, se lancent dans l'autoproduction locale par conviction : produire une herbe de qualité, maîtriser la filière et échapper aux réseaux mafieux. Cette logique contestataire sera vite dépassée par les promesses de l'argent. Comme le montre Stephen Snelders, de nouveaux réseaux de petits commerçants dynamiques émergent, spécialisés dans une production typiquement néerlandaise : le *nederwiet*, cultivé en intérieur sous lumière artificielle et dans des conditions contrôlées. Le succès est tel que le pays bascule progressivement de l'importation vers la production nationale. À la fin des années 1980, la moitié de la demande est couverte par la culture locale, l'autre moitié provenant encore du Rif, du Liban ou du Pakistan. Ce changement d'échelle s'accompagne aussi d'une transformation du mode de consommation : d'un cannabis militant et alternatif, on glisse vers un usage banalisé, commercialisé. Le cannabis est cool, mais le cannabis est devenu un business, un business qui rapporte toujours plus. Comme le rappelle le journaliste Jan Meeus, lorsqu'une légalisation partielle est instaurée en 1976, on compte seulement cinq ou six *coffee-shops* à Amsterdam. Dix ans plus tard, ils sont environ cent soixante-quinze dans tout le pays. C'est ainsi que naît ce que l'on appellera bientôt le « tourisme de la drogue ».

Crime as a service

C'est dans ce contexte que surgit Klaas Bruinsma, figure centrale de la professionnalisation du narcotrafic en Europe. Fils d'un entrepreneur en boissons gazeuses, élevé à la dure, Bruinsma entre dans le trafic de haschich dès l'adolescence. Arrêté une première fois à seize ans, en 1970, il abandonne rapidement toute ambition scolaire pour se consacrer entièrement au *business*. Occupée à traquer le commerce illégal de l'héroïne, la police hollandaise ne s'intéresse alors pas à lui. À cette époque, le marché néerlandais des drogues ne fonctionne pas plus qu'avant sur le modèle du monopole ou du contrôle territorial par des dealers individuels, et Bruinsma ne cherche pas à le révolutionner. En revanche, il va le sophistiquer sur le mode *crime as a service* avec ses associés, parmi lesquels une figure légendaire de la pègre au Pays-Bas : Thea Moear, fille d'un trafiquant singapourien et de Blonde Greet (dont les exploits ont été contés plus haut). Ils restructurent toute la chaîne d'approvisionnement et de distribution pour garantir aux consommateurs ce qui fait souvent défaut à l'époque : continuité et sécurité. Le commerce du cannabis se voit désormais appliquer les bénéfices d'un marketing client cousu main : commandes par téléphone à toute heure du jour et de la nuit, fiabilité des livraisons, sécurisation des approvisionnements, garantie de qualité des produits vendus… Les entrepreneurs en caftan afghan malodorant ne peuvent plus suivre. En 1977, Bruinsma et ses associés célèbrent leur premier million de florins.

Au cours de la décennie suivante, Bruinsma passe à la vitesse supérieure : court-circuitant les intermédiaires, il pratique une intégration vers l'amont et établit des contacts directs avec ses fournisseurs au Maroc, au Pakistan et en Amérique latine. Alors que le marché néerlandais du cannabis est dominé par un haschich marocain de qualité médiocre, Bruinsma, toujours soucieux d'efficacité et désireux de garantir des volumes de livraison importants, prête son expertise technique et ses équipements. Il envoie ainsi une presse hydraulique à ses fournisseurs de haschich dans le Rif marocain pour compacter le produit en blocs de la taille d'un savon. C'est la naissance de la savonnette de 250 grammes, qui deviendra l'unité de référence en Europe. Entre plusieurs séjours en prison pour trafic et faits de violence, Bruinsma met en place de nouvelles routes du cannabis, faisant notamment passer du haschich pakistanais directement au Canada sans passer par la case Pays-Bas. Il a encore recours aux transports par avion mais tire bientôt parti d'une invention qui révolutionne le transport maritime mondial : la conteneurisation. Les chargements arrivant aux Pays-Bas sont discrètement déchargés dans les ports, quand ils ne sont pas transférés sur des *speedboats* qui partent vers les 400 km de plages qui forment la façade côtière du pays.

À la fin des années 1980, celui qu'on appelle *De Dominee* – le « Pasteur », pour ses costumes noirs et son goût du verbe – s'impose comme le plus grand trafiquant de drogue de l'histoire européenne. Avec l'aide de conseillers financiers et d'hommes de loi venus du monde d'en haut qui l'aident à blanchir son argent, il restructure son petit empire, injecte des fonds dans les *coffee-shops*, les casinos, les machines à sous du Quartier Rouge et les hôtels de luxe, investit dans l'immobilier et blanchit ses gains dans des sociétés-écrans aux Bahamas. Puis il se lance dans l'héroïne (venue d'Afghanistan et transitant *via* l'Union soviétique, le Pakistan, ou la Thaïlande) et la cocaïne (venue de Colombie). Et pour mettre un peu de piment sur ses lourdes obligations professionnelles, il mène ses affaires depuis les salons du bordel le plus sélect du Quartier Rouge d'Amsterdam, le Yab Yum (du tibétain « père-mère », le yab-yum est un symbole bien connu de l'art bouddhiste, représentant l'union primordiale de la sagesse féminine et de la compassion masculine).

En 1989, le fisc néerlandais estime ses revenus annuels entre 25 et 30 millions de florins et ses profits annuels entre 10 et 20 millions de florins. Et puis tout s'effondre avec l'opération *Big Mountain* : l'importation de 45 tonnes de haschisch depuis le Pakistan, d'une valeur de 400 millions de florins (200 millions de dollars). Bruisnma a tenté une opération similaire depuis le Pakistan en 1979, qui lui a valu une incarcération prolongée. La nouvelle opération tourne elle aussi au fiasco : la cargaison est saisie à son arrivée aux Pays-Bas. La chute est d'autant plus brutale que

Bruinsma, devenu accro à la cocaïne, se met en tête de faire régner sa loi dans le petit monde des narcotrafiquants hollandais. Dans la nuit du 27 juin 1991, il est abattu devant l'hôtel Hilton d'Amsterdam.

Pour beaucoup, Bruinsma est ce que les Pays-Bas ont fait de plus proche d'Al Capone. Stephen Snelders : « Cette vision est sans doute exagérée car Bruinsma n'a pas le contrôle des marchés et, s'il tient ses équipes, c'est plus par l'intimidation et la violence que par le biais d'une obéissance hiérarchique. En ce sens, il incarne une certaine forme de continuité dans le modèle criminel néerlandais. » Un modèle à la fois organisé et « désorganisé », d'une flexibilité extrême, extrêmement difficile à appréhender pour les forces de l'ordre. À la mort de Klaas Bruinsma, ses anciens associés et la mouvance Hells Angels tentent bien de prendre le contrôle des affaires, mais son empire ne lui survit pas. Pour autant, Bruinsma laisse derrière lui un modèle économique redoutable, qui illustre la transition entre le petit commerce du hasch et le narcotrafic managérial à grande échelle dont il a sans doute été le premier à maîtriser une compétence clé : faire tourner une économie souterraine mondialisée, alimentée par l'augmentation de la demande aux Pays-Bas et par l'offre dans les pays en développement. Si *De Dominee* peut reposer tranquille, ses enseignements lui survivront. Un nouveau paysage des drogues est en train d'émerger, très différent des précédents mais tout aussi vibrionnant.

C'est Ecsta !

Avec la chute du mur de Berlin, le paysage des drogues et des figures criminelles se recompose. L'heure est à la fête. Les enfants de la génération *No future* ont décidé d'être heureux. L'héroïne s'efface au profit des drogues de synthèse. Les *losers* cèdent la place aux *winners* et, ô surprise, la Hollande reste au centre du jeu, comme l'explique Jan Meeus : « L'héroïne était la drogue de la damnation, un objet lugubre. Alors que l'ecstasy, c'est "faisons la fête, amusons-nous tous". Le capitalisme a gagné, les communistes s'en vont. Célébrons ça ! L'ecstasy, c'est la drogue qui capture ce moment, l'état d'esprit en Europe occidentale. Sauf qu'il faut quelqu'un pour fabriquer cette ecstasy, et c'est aux Pays-Bas qu'elle est fabriquée, que le monde criminel commence à réinvestir son argent. Les Pays-Bas, en plus d'être un pays de commerce, se transforment en nation productrice de drogues. C'est depuis cette époque que nous sommes devenus le plus grand pays producteur de drogues d'Europe occidentale, au point de produire 75 % à 80 % de l'ectasy consommée dans le monde. »

Cette nouvelle industrie de l'ecstasy est incroyablement profitable. Les premières enquêtes policières sur les trafics commencent en 1991-1992. Les enquêteurs tombent alors sur des carnets de compte d'un groupe criminel d'une quinzaine de personnes. Les chiffres donnent le vertige. Jan Meeus : « Leur chiffre d'affaires annuel atteignait 200 à 300 millions de florins, l'équivalent à l'époque de 150 millions d'euros. Corrigé de l'inflation, cela correspondrait aujourd'hui à pas loin de 500 millions d'euros. Lorsque des saisies d'argent étaient effectuées, la police n'avait d'autre choix que d'appeler la banque centrale des Pays-Bas pour se faire envoyer un fourgon blindé, de peur de se faire braquer. »

Au milieu des années 1990, la production de drogues de synthèse aux Pays-Bas est telle que les stups américains de la DEA alertent leurs homologues hollandais sur le fait que le crime organisé aux Pays-Bas exporte environ 20 millions de pilules d'ecstasy par mois aux États-Unis. Jan Meeus : « La première réaction aux Pays-Bas, ça a été d'en rire. Ah, ces Américains, ils en font toujours trop. Comme si nous étions capables de produire autant d'ecstasy ! Mais, en réalité, la police n'avait pas la moindre idée des volumes produits. Et lorsqu'ils ont réellement commencé à enquêter, ils sont rapidement tombés sur une unité de production dans le sud du pays qui fabriquait à elle seule un million de pilules par jour. »

Dans la seconde moitié des années 1990, les Pays-Bas ne sont plus seulement le carrefour du marché européen des stupéfiants, ils deviennent le Wall Street des drogues. Si le produit phare, en tout cas le plus visible, de cet âge doré reste l'incontournable *Netherhasch* (*Netherlands haschich*), l'heure est à l'innovation : champs entiers de cannabis cultivés sous serre ; offre de variétés hybrides à teneur élevée en THC, comme le Zéro Zéro ; drogues de synthèse de toutes les couleurs, le Plat Pays produit sur son propre sol de quoi satisfaire tous les goûts des consommateurs…

Mais, sous la pression d'une opinion publique de plus en plus exaspérée par cette omniprésence des drogues, le climat se fait plus répressif. À partir de 1997, l'*Opium Act* est à nouveau amendé : sanctions accrues pour la culture de cannabis à grande échelle ; droit accordé aux municipalités de fermer des *coffee-shops* et de vérifier les antécédents judiciaires des postulants à de nouvelles licences. Parallèlement, une commission d'enquête parlementaire est créée pour réformer les modalités de lutte contre le crime organisé. Jan Meeus : « À cette époque, nous avons commencé à réaliser que nous devenions “la Colombie de l'Europe de l'Ouest”, que nous avions une véritable difficulté à appréhender le *modus operandi* du crime organisé. Nous avions sur notre sol une présence massive de criminels venus du Royaume-Uni, d'Espagne, de Colombie, de Russie. Tous ces gens se retrouvaient en Hollande pour développer le trafic. »

À l'époque, les autorités entendent faire un sort à une question qui les hante : le pays est-il sous la menace d'organisations mafieuses à l'italienne ou à l'américaine, capables d'investir des territoires et de contrôler certains secteurs de l'économie ? La fine fleur des criminologues hollandais est mise à contribution pour y répondre. La police lui ouvre ses fichiers. Les rapports successifs qui en sortiront dressent un constat sans appel sur les nouvelles réalités du marché des drogues, l'ampleur et la rapidité des ajustements en cours, la porosité de l'économie au blanchiment massif des profits criminels, particulièrement flagrante dans le secteur de l'immobilier.

En 2001, un gala de charité est organisé à Monaco, où se retrouvent les magnats de l'immobilier batave. La princesse Margarita est là, vendant aux enchères un tableau de la reine Béatrix. Le spectacle est assuré par la chanteuse Shirley Bassey qui interprète l'incontournable tube « Goldfinger », tiré de la BO du film éponyme de James Bond. Jan Meeus est là lui aussi, en sa qualité de journaliste économique. Et quelle n'est pas sa surprise de découvrir parmi les convives fortunés deux associés de feu Klaas Bruinsma : John Mieremet (qui sera liquidé quelques années plus tard en Thaïlande) et Sam Klepper (membre des Hells Angels, autre roi du monde criminel d'Amsterdam, qui sera assassiné quelques mois après le gala)... Klepper est assis à la même table que celui qui, dix-neuf ans plus tard, sera jugé coupable d'avoir commandité son assassinat, le plus célèbre voyou de l'histoire récente des Pays-Bas, le kidnappeur du magnat de la bière Freddy Heineken... Will Holleeder en personne. Jan Meeus : « Cette histoire s'est passée il y a vingt-cinq ans et on l'a un peu oubliée. Mais, à l'époque, ça a été un choc énorme de constater que des criminels étaient en mesure de se mêler au gratin de l'immobilier et du showbiz de ce pays. Cela dit beaucoup de la société hollandaise et de ses deux figures tutélaires : le commerçant et le pasteur. Lorsqu'il s'agit d'arbitrer entre argent et moralité, qui l'emporte ? Aux Pays-Bas, c'est toujours l'argent. Le pasteur vous invite à ne pas commettre l'adultère, à ne pas faire ci, à ne pas faire ça. Tout cela est bel et bon, mais dès qu'il est question d'argent, vous êtes libre d'agir comme bon vous semble. Voilà ce que cette table au gala monégasque nous dit des Pays-Bas. »

Si, en ce tournant du millénaire, les Hollandais ouvrent enfin les yeux sur une réalité peu enviable, rares sont ceux à l'époque, même parmi les meilleurs experts du narcotrafic, qui sont assez visionnaires pour décoder les premiers signes du nouveau grand chambardement qui est en train de se produire sur le marché des drogues. Les années 2000 arrivent et, avec elles, l'heure de la cocaïne va bientôt sonner. Une nouvelle génération criminelle fera bientôt parler d'elle, incarnée par la mal nommée « Mocro Maffia »... Ce phénomène touchera prioritairement la Belgique et les Pays-Bas, mais ne restera pas cantonné à ces territoires ; cela relève de la logique même d'expansion du capital, qui ne connaît ni limite ni frontière. Une décennie plus tard, la France, pays de consommation historique, se révélera, à sa manière, particulièrement vulnérable au trafic et à la prolifération de bandes criminelles, phénomène dont on peine encore aujourd'hui à saisir pleinement l'ampleur. Rien de comparable, a-t-on longtemps pensé, à la puissance des groupes sévissant aux Pays-Bas et en Belgique, mais de nombreux indicateurs témoignent d'une évidente montée en puissance ; pain béni, mais à double tranchant, pour le petit monde de la « fachosphère ».

6

Aujourd'hui en France

« La France, môssieu ! »

De Charles Péguy
à Monsieur Tout Le Monde

« Je vais faire taire tous ceux qui ont prononcé mon nom… »

Message d'un narco,
décrypté par la police

« Sauvagerie inédite » et « ultrarajeunissement ». Nicolas Bessone, procureur de la République de Marseille, a précisé, dimanche 6 octobre, que la victime du narchomicide de mercredi, « lardée de cinquante coups de couteau et brûlée vive », était un adolescent de quinze ans et que le tueur présumé de celui de vendredi est âgé de quatorze ans (*Le Monde*, 6 octobre 2024).

Samedi 3 mai en début de soirée, une nouvelle fusillade a fait deux blessés par balles dans le quartier rennais de Villejean. Une troisième personne a été passée à tabac (*BFM TV*, 4 mai 2025).

Avignon. Il gère le trafic de drogue depuis la prison et se fait livrer par drone (*Le Dauphiné Libéré*, 24 février 2025).

Vingt et un suspects sont déferrés cet après-midi devant la justice pour leur implication dans la vague d'attaques qui a visé les prisons françaises. D'après les informations de RTL, l'instigateur présumé et créateur du sigle DDPF (Droit des prisonniers français) est Imran A., un détenu déjà mis en examen dans deux dossiers d'assassinats attribués à la DZ mafia (rtl.fr, 2 mai 2025).

Près de dix tonnes de cocaïne saisies par les douanes sur le port de Dunkerque, un record en métropole (Actu 17, 4 mars 2025).

20 % de la cocaïne consommée en France transite par la Guyane, avant d'être transportée jusqu'à Paris par des milliers de « mules », généralement des jeunes qui voient là un moyen rapide de gagner de l'argent (*Le Parisien*, 22 octobre 2022).

Un rapport de la direction antimafia italienne souligne que la puissante 'Ndrangheta calabraise profite d'une implantation désormais consolidée dans le sud de la France. Elle regrette que les autorités françaises ne semblent pas avoir encore pleinement pris conscience de la menace (*Les Échos*, 29 février 2024).

Les maires en guerre contre les kebabs et les *barbers* accusés de « blanchir l'argent de la drogue » (RMC, 28 février 2025).

Tribunal correctionnel d'Angers. Amis de longue date, ils montent le « Zanzi shop », fructueux commerce en ligne de vente de cannabis et de cocaïne (France 3 Pays de la Loire, 12 juillet 2024).

Cent vingt kilos de cannabis saisis près de Toulouse : les douaniers stoppent un go-fast à la herse (*La Dépêche*, 24 juillet 25).

Les clients ont déserté les points de deal au profit de la livraison à domicile. À coups de campagnes de pub, de promotions, de *goodies* et de cartes de fidélité, les dealers tentent de se démarquer pour fidéliser leurs consommateurs. Un nouveau mode d'approvisionnement qui touche un plus large public et complique la tâche des forces de l'ordre (*Le Dauphiné*, 25 mars 2025).

« Nous cherchons que des personnes sérieuses » : faute de guetteurs, la DZ Mafia tente de recruter sur Telegram (*Le Figaro*, 6 février 2024).

Corruption à la prison de Meaux. Une greffière de la prison soupçonnée d'avoir délibérément commis des erreurs ayant permis de libérer des détenus impliqués dans le trafic de drogue (*Bulletin hebdomadaire d'informations criminelles*, 11 janvier 2024).

Les drogues de synthèse, une « menace émergente » en Europe, alerte l'agence européenne des drogues (Euractiv France avec l'AFP, 5 juin 2025).

Prison de Toulon attaquée à la kalachnikov : la piste de l'ultragauche s'éloigne, celle du narcobanditisme privilégiée (*Le Parisien*, 16 avril 2025).

La France est-elle en voie de *« mexicanisation »* ? C'est en tout cas ce que redoute le ministre de l'Intérieur Bruno Retailleau après les multiples fusillades qui ont éclaté dans le pays en ce début de mois de novembre (*Le JDD*, 2 novembre 2024).

Le combat d'Amine Kessaci contre les trafics de drogue. Après avoir perdu son frère à Marseille en 2020, cet étudiant en droit de vingt et un ans a monté l'association Conscience pour soutenir les familles et lutter contre le trafic. Une association qui compte aujourd'hui une vingtaine d'antennes en France (*Ouest France*, 21 janvier 2025).

Traque de Mohamed Amra : de son évasion au péage d'Incarville à son arrestation à Bucarest, retour en podcast sur neuf mois d'enquête (*France Info*, 8 juillet 2025).

Narcotrafic : Bruno Retailleau appelle à « réarmer la France », comme « on l'a fait sur le terrorisme » (RTL, le 17 novembre 2024).

Ils devaient intercepter 400 kg de cocaïne, la police n'en retrouve plus qu'un… Les patrons de l'Office antistupéfiants de Marseille placés en garde à vue (*L'Indépendant*, 23 juin 2025).

Trafic de drogue : Darmanin annonce le transfert de « 17 premiers narcotrafiquants » vers la prison de Vendin-le-Vieil (*Le Télégramme*, 22 juillet 2025).

À suivre…

*

Violence pour le contrôle des territoires, prisons et institutions infiltrées, réseaux internationaux plus actifs que jamais dans l'Hexagone, logistique portuaire toujours plus efficace, nouveaux modes de distribution à la carte, implantation locale dans les villes moyennes, recrutement en ligne de petites mains du deal et d'enfants tueurs, essor des drogues chimiques, réaction musclée des autorités, effets d'annonce… la liste est longue des thèmes nourrissant au quotidien la chronique du narcotrafic.

En avril 2025 survient l'inimaginable : l'annonce du regroupement de certains trafiquants dans deux établissements pénitentiaires déclenche une vague d'attaques armées contre les murs de prison et les domiciles de surveillants. Hormis en Corse, jamais opérations armées comparables n'ont été enregistrées.

En Belgique et aux Pays-Bas, pays particulièrement touchés par la déferlante du narcotrafic, les populations locales exigent depuis longtemps des réponses de l'État. La France prend aujourd'hui le même chemin. Le 14 septembre 2024, le Collectif des familles de victimes organise une marche blanche place de la Joliette, à Marseille. Environ cent cinquante personnes sont là en hommage aux quarante-neuf personnes tuées en 2023 dans des violences liées au trafic de drogue. Parmi elles, Socayna, vingt-quatre ans, étudiante en droit, touchée par une balle perdue de kalachnikov alors qu'elle révisait ses cours tranquillement dans sa chambre.

Toujours en 2024, à la suite de deux homicides particulièrement médiatisés – un jeune de quinze ans brûlé vif et un chauffeur de VTC assassiné par un gamin de quatorze ans –, la DZ Mafia, se sentant visée, réagit « officiellement » par le biais d'une vidéo. La mise en scène est martiale : pièce vide, nappe blanche portant l'inscription « DZ MAFIA » en lettres capitales, micros posés comme pour une conférence de presse classique. Le porte-parole, masqué, voix trafiquée, entouré d'une dizaine de cagoulés vêtus de noir, délivre un court message : la DZ nie avoir mandaté le mineur de quatorze ans impliqué dans le meurtre du chauffeur et assure disposer de tous les moyens de riposte contre qui nuirait à ses intérêts. Cette démonstration de force, façon FLNC cuvée grande époque, se veut presque civique : la DZ Mafia dit vouloir protéger les enfants.

« Avec cette conférence de presse qui assoit solennellement sa présence dans l'espace public, la DZ Mafia accomplit un acte politique au sens le plus fort du terme. C'est un signal fort, celui d'une accélération du processus de structuration mafieuse en France. Cette accélération, certains d'entre nous la voyaient arriver mais pas avant la prochaine décennie », analyse Damien Brunet, magistrat à la cour d'appel de Paris. Un seuil crucial est franchi dans l'« accomplissement mafieux » : les organisations criminelles se veulent désormais des acteurs parmi d'autres, avec des soutiens et des opposants.

Au sein de l'État, le scepticisme a longtemps été de rigueur sur la présence, sous nos latitudes, d'organisations porteuses d'un projet politique comme le sont les mafias italiennes. Selon Damien Brunet, ce n'est plus vrai. La vocation politique des organisations mafieuses se manifeste désormais chez nous. « À l'été 2023, lorsque les trafiquants marseillais recyclent un conteneur de cannabis, le remplissent d'eau et font payer l'accès 1 € aux gamins d'une cité qui ne peuvent pas accéder aux piscines municipales, cela s'appelle aussi faire de la politique. »

Aveuglement collectif

« Et si tout avait été écrit depuis – au moins – quinze ans ? », s'interroge le journaliste Antoine Albertini dans un article du *Monde* évoquant l'inexorable montée en puissance du narcotrafic observée en France depuis la fin des années 2000[1]. Le journaliste évoque les dizaines de rapports confidentiels consultés, produits par les services de police judiciaire, le Service d'information, de renseignement et d'analyse stratégique sur la criminalité organisée (Sirasco), la gendarmerie ou encore l'Office anti-stupéfiants (Ofast).

Tous racontent la même histoire : celle d'une criminalité de plus en plus sophistiquée et violente, enracinée dans les territoires, et d'institutions oscillant entre déni, sous-estimation et absence de vision stratégique de long terme. En quinze ans (2009-2024), dix ministres de l'Intérieur se sont succédé place Beauvau. Parmi eux, Gérard Collomb. À son arrivée au ministère en 2017, l'ancien maire de Lyon dresse une feuille de route qui présente la particularité de ne prévoir aucune disposition spécifique relative au trafic de drogues, alors même que cette année-là, souligne Antoine Albertini, « les surfaces des plantations de coca ont augmenté de 50 % en Colombie, ce qui laisse craindre un déferlement du produit. [L]es saisies de cocaïne explosent : + 112 %

1 « Emprise du narcotrafic en France : chronique de quinze années d'un aveuglement collectif », 27 décembre 2024.

(17 tonnes), dix fois plus qu'en 2000 ». Mais, quand un ponte de la PJ montre à Collomb la cartographie du crime organisé en France, le ministre « regard[e] surtout la région de Lyon, sa ville. On avait le sentiment que le reste ne le captivait pas vraiment ». Conclusion d'un haut responsable policier : « D'un point de vue politique, le "crimorg" ne paie pas[2]. »

Aveuglement coupable si l'on prête attention à ce que William Hippert, commissaire divisionnaire de police, raconte[3]. Cet homme, qui fut jusqu'en 2023 chef du Sirasco, connaît bien l'implantation de la 'Ndrangheta en France, principalement en région Provence-Alpes-Côte d'Azur : « Cette implantation fait qualifier cette région et ce département de "colonie opérationnelle" pour cette organisation. Elle est cependant présente dans d'autres aires géographiques, dont le Grand Est, la région parisienne et le bassin lyonnais. Les interpellations régulières de fugitifs et les enquêtes d'ampleur menées en coopération avec l'Italie démontrent que la France est une terre d'implantation pour des membres influents de la 'Ndrangheta. » Le constat de l'ex-patron du Sirasco est similaire pour la mafia sicilienne.

Pourtant, au niveau national, comme évoqué plus haut, on a longtemps peiné à reconnaître l'existence de véritables organisations criminelles structurées venues

2 *Ibid.*

3 Dans sa contribution à Damien Brunet (dir.), *Droit et pratique de la lutte contre la criminalité organisée*, LGDJ, 2024.

de l'étranger. Dans les années 1980, la France s'est ainsi convaincue que notre frontière nous protégeait de l'infiltration des mafias italiennes comme elle nous protégeait du nuage radioactif de Tchernobyl. Le déni a perduré. « Si certains hauts responsables des administrations centrales des grands ministères régaliens admettent l'existence en France d'une économie mafieuse, de comportements et de phénomènes mafieux, les mêmes continuent d'affirmer qu'il n'y a ni mafias ni présence mafieuse chez nous », nous indique un magistrat qui préfère garder l'anonymat. Conviction ou autocensure face à un pouvoir politique peu enclin à affronter les réalités qui fâchent, celles sur lesquelles on n'a pas vraiment prise ?

Pour le savoir, il faut partir du début : le cadre légal des drogues. Le nôtre est défini par la loi du 31 décembre 1970 relative aux mesures sanitaires de lutte contre la toxicomanie et à la répression du trafic, inscrite au code de la santé. Son préambule l'affirme : « Toute personne usant d'une façon illicite de substances classées comme stupéfiants est placée sous la surveillance de l'autorité sanitaire. » En clair, l'usager simple de stupéfiants est considéré avant tout comme un malade… et, s'il récidive, comme un délinquant (jusqu'à un an de prison ferme pour usage simple). Cela peut faire sourire aujourd'hui mais il y a une dizaine d'années encore, un fonctionnaire pouvait perdre son statut, et donc son emploi, si la justice, au nom de la « lutte contre la toxicomanie », l'avait convaincu de consommation ou de détention de cannabis.

Côté face ou côté pile ?

La justice française montre deux visages bien différents quand il s'agit de lutter pénalement contre le trafic de stupéfiants. Commençons par le côté face. La loi de 1970 a fait l'objet de décennies de controverses. La critique la plus communément entendue tient à la question cannabis *vs* alcool. Le cannabis, aussi problématique puisse-t-il être, ne tue pas l'usager mais son commerce est interdit au même titre que celui de l'héroïne et de la cocaïne, et son usage démonisé. L'alcool qui, lui, tue des dizaines de milliers de personnes par an est un produit autorisé, socialement accepté, supposé relever de notre culture nationale. Et c'est ainsi que le fonctionnaire en première ligne pour faire respecter la norme culturelle est souvent le policier. C'est lui qui, trouvant des produits illicites sur un suspect peut le déférer au parquet. On ne s'étonnera pas d'apprendre que le volant sanitaire de la loi de 1970, pourtant central, est en réalité son parent pauvre, et pas seulement sur le plan budgétaire.

Entre 1970 et le début des années 2000, il est courant qu'un toxicomane doive patienter six mois pour trouver une postcure (structure médicalisée qui accompagne au long cours l'usager sevré), faute de place disponible. Dans les années 1980, l'usage de drogues devient un véritable problème de santé publique mais les outils épidémiologiques manquent pour guider la prise en charge. Lorsqu'un policier constate la mort d'un héroïnomane, le rapport médical est immuable : décès par crise cardiaque consécutive à une overdose. C'est à peu près la seule statistique compilée de façon systématique, alors que tant d'autres seraient utiles pour mieux connaître les problèmes de santé et d'accès aux soins des toxicomanes. À cette époque, les centres de sevrage n'offrent pas de prestations de médecine générale. S'il est malade, le toxico doit aller comme tout le monde en consultation privée ou à l'hôpital, ce que beaucoup de toxicomanes sont incapables de faire. L'idée d'une prise en charge globale spécifique à l'usager de drogues est encore lointaine dans une France majoritairement à droite dans les urnes.

L'arrivée de la gauche au pouvoir en 1981 ne change pas grand-chose. L'accès aux postcures est toujours dramatiquement insuffisant. Mais on garde la foi. Interviewée à la télévision dans les années 1980, la socialiste Georgina Dufoix, ministre des Affaires sociales et de la Solidarité nationale, protestante convaincue, dit en substance : « Si nous parvenons à sortir un usager sur dix du piège de la drogue, nous en avons au moins sauvé un. » Étrange d'entendre une femme de gauche parler de salvation pour défendre une politique publique. Étrange aussi que la ministre ne comprenne pas que la « salvation » des uns (ceux qui trouvent une place de postcure) se paie au prix de la « damnation » des autres (ceux qui n'en trouvent pas).

Et puis le sida arrive, et, en quelques années, le bel édifice vacille. Face à l'urgence sanitaire, il devient impératif d'empêcher les injecteurs de drogues par voie intraveineuse d'être contaminés par le VIH. En 1987, Michèle Barzach, ministre de la Santé de Jacques Chirac et médecin, sort du placard un décret préparé à l'époque du gouvernement Fabius, autorisant la vente libre de seringues en pharmacie. Ce décret, Laurent Fabius l'avait refusé : face à la débâcle annoncée aux législatives de 1986, il n'était pas prudent de voir s'ouvrir un procès en laxisme sur le thème « les socialistes donnent légalement aux toxicos les moyens de se shooter ».

Ce décret, rares sont ceux qui le savent, aura un impact phénoménal. Des études épidémiologiques ultérieures montrent que la quasi-totalité des contaminations au VIH chez les toxicomanes sont survenues avant l'adoption du décret de 1987. Dans la période post-1987, les contaminations chutent de façon vertigineuse. Avec l'adoption de ce décret, la France entame une conversion, bien tardive au regard de ce que font certains de ses voisins, vers une politique de réduction des risques, que le ministère de l'Intérieur, surtout lorsque Charles Pasqua occupe le poste (entre 1986 et 1988 sous Chirac puis entre 1993 et 1995 sous Balladur) ne considère pas d'un bon œil. En 1993, nouveau revers pour Pasqua et les partisans de l'« ordre », lorsque Simone Veil, ministre des Affaires sociales, de la Santé et de la Ville, obtient de Matignon l'autorisation de la délivrance de méthadone et de produits de substitution. Dans ces années sida, le regard de la société sur la drogue évolue. Les « drogués » ou « junkies » font place aux « usagers de drogues ». Le cadre sanitaire évolue en conséquence. Les centres de prise en charge globale se généralisent un peu partout. On y trouve – c'est inédit – équipe médicale, assistants sociaux, psychologues, ainsi que douches et machines à laver. Il y a aussi une autre raison à cette évolution, très ancrée dans la vie sociale : dès lors que chaque famille, ou presque, a côtoyé une personne ayant fait l'expérience des drogues, voir le toxicomane comme un « autre » n'est plus tenable.

Durant toutes ces années de grand chambardement, le cadre de la loi de 1970 demeure, immuable. Une grande part du personnel politique reste sourde aux évolutions de la société sur la question des « drogues douces » et de l'accès aux soins, tout particulièrement à droite. À ce titre, il est piquant de noter ce qu'un grand apôtre de la nouvelle révolution conservatrice reaganienne, l'essayiste, alors à succès, Guy Sorman dit de tout ça. Dans *En attendant les Barbares*[4], l'essayiste néolibéral critique la légitimité de l'État à imposer une guerre à la drogue, questionne les services des douanes et de police sur leur recours aux évaluations

4 Fayard, 1992.

pour mesurer l'efficacité des dispositifs au regard des objectifs affichés. Ces derniers répondent en substance : nous n'en avons pas car la question n'a pas lieu d'être. Cette surdité qui infuse dans tout l'appareil d'État n'est sans doute pas étrangère au long processus de décrédibilisation du discours politique observé ces dernières décennies.

Côté pile, la figure du petit juge, seul contre tous, qui se révèle malheureusement être l'arbre qui cache la forêt. Dans l'histoire judiciaire française, peu de noms incarnent aussi tragiquement l'engagement contre le narcotrafic que celui de Pierre Michel. Juge d'instruction à Marseille dès 1974, il est le premier à se confronter à la French Connection, ce réseau d'exportation d'héroïne entre Marseille et les États-Unis, qui fit de la France des Trente Glorieuses une plaque tournante mondiale du trafic de drogue.

Infatigable, incorruptible, parfois téméraire, Pierre Michel est un modèle. Mais son exemplarité et son abnégation auront un prix : il est assassiné en pleine rue à Marseille en octobre 1981. Ce meurtre, commandité par la pègre, bouleverse l'opinion, marquée par l'assassinat six ans plus tôt du juge François Renaud, autre grande figure, et premier magistrat abattu en France depuis l'Occupation. Ces deux morts violentes témoignent d'une défaillance institutionnelle : celle d'un État qui laisse un homme seul en première ligne.

Cette défaillance de l'État dans la conduite de ses missions est un signe parmi beaucoup d'autres d'une vérité peu agréable : la loi de 1970 n'est pas « portée » comme elle le devrait.

Nixon fait sa loi

Deux autres facteurs, exogènes ceux-là, nuisent aussi à la bonne application de la loi de 1970. Le premier est politique. À l'origine, la loi de 1970 est une loi imposée de l'extérieur, en l'occurrence par l'administration Nixon, qui vient de déclarer la guerre à la drogue, et notamment à la French Connection qui alimente les États-Unis en héroïne depuis Marseille. La loi n'est que la traduction dans notre législation d'un rapport de forces instauré par un pays tiers. Ce rapport de forces ne s'exerce pas seulement sur la France, mais sur de multiples pays, parmi lesquels la Turquie, où se concentrent alors la grande majorité des laboratoires clandestins de transformation d'opium en héroïne.

Il est un second facteur qui n'a jamais permis à la loi de 1970 de donner sa pleine mesure. Dans les décennies qui suivront, la seule « matière exorbitante du droit commun », c'est la lutte contre le terrorisme, d'abord d'extrême gauche, puis islamiste. La lutte contre le trafic de stupéfiants est une urgence de second ordre.

En 1986, une loi antiterroriste est adoptée au lendemain de l'assassinat du PDG de Renault Georges Besse par le groupe Action directe. Le terrorisme fait la une des journaux. Il est intéressant de comparer le droit en France et en Italie à cette époque. Au début des années 1980, la société italienne, à peine sortie des « années de plomb » (en raison des attentats terroristes et de la répression qui ont secoué le pays dans les années 1970), est confrontée à une explosion de violence mafieuse en Sicile. En 1982, à la suite de l'assassinat du parlementaire communiste Pio La Torre, puis du général de gendarmerie Alberto Dalla Chiesa, le parlement adopte une loi qui passera rapidement à la postérité, la loi Rognoni-La Torre. Elle introduit dans le système judiciaire un nouveau délit, l'association mafieuse (le mythique article 416 *bis* de la loi antimafia), et prévoit des droits étendus de saisie et confiscation des avoirs criminels.

Damien Brunet, substitut général au parquet général près la cour d'appel de Paris considère que l'Italie a été pionnière dans la lutte antimafia. En 2024, ce magistrat passé par l'instruction dirige un ouvrage remarqué, *Droit et pratique de la lutte contre la criminalité organisée*[5]. Comme nous le confie le magistrat, les législateurs italiens des années 1980 ont ouvert un chemin : « D'un droit commun comprenant quelques règles particulières pour les infractions les plus graves, ils passent à un régime particulier et exorbitant du droit commun, qui permet d'appréhender à la fois le trafic de

5 Damien Brunet (dir.), *Droit et pratique de la lutte contre la criminalité organisée*, *op. cit.* Dans cet ouvrage, un panel de magistrats, policiers, gendarmes et chercheurs en criminologie analyse la réponse pénale française.

stupéfiants, les actions crapuleuses comme le racket, et le terrorisme. Ils associent, en un même arsenal dédié, lutte contre le terrorisme et lutte contre la mafia. » En France, en revanche, le lien entre terrorisme et criminalité organisée n'est alors pas établi. Ce qui préoccupe notre justice, c'est le poseur de bombes. De fait, avec l'assassinat du juge Pierre Michel et la fin de la French Connection, certains peuvent même se persuader qu'un coup fatal a été porté aux trafics en France.

Il faut attendre les années 2000 pour qu'une réflexion judiciaire nouvelle émerge en France, au sein de la Direction des affaires criminelles et des grâces (DACG), une direction clé du ministère de la Justice où s'élaborent les projets de loi qui modifient le code pénal et le code de procédure pénale. Cette réflexion est à l'origine de l'adoption en 2004 de la loi « Perben II », qui permet de renforcer drastiquement la lutte contre la criminalité organisée.

Révolution copernicienne

Cette loi marque un tournant majeur dans la lutte contre la criminalité organisée en associant moyens juridiques et organisationnels. Elle fixe les peines mais donne aussi des pouvoirs spécifiques au parquet, *via* des techniques d'enquête particulières – sonorisation, écoutes, captation d'images, pose de balises, géolocalisation. Plus globalement, elle transpose en droit et en pratique la convention de Palerme de 2000 contre la criminalité organisée transnationale.

Simultanément, des juridictions interrégionales spécialisées (JIRS) voient le jour. C'est une révolution copernicienne qui s'appuie sur une dérogation majeure au principe de territorialité de la justice (garant du principe d'égalité des citoyens devant la loi, où qu'on se trouve). Dans les faits, ce principe ne fonctionne pas : un petit dealer dans une ville moyenne de province sera sans doute sanctionné plus sévèrement que dans une ville comme La Courneuve, saturée d'affaires plus graves. Cette égalité formelle a encore moins de sens face à des organisations mafieuses capables de survivre aux saisies de drogues, disposant des moyens de corrompre et de tuer, entourées des meilleurs avocats. Comme l'indique Nicolas d'Hervé : « La grande force de cette réforme, c'est de renoncer à la fiction juridique selon laquelle, où qu'on soit, on peut lutter sur tous les fronts. Avec les JIRS, nous avons des collègues qui se spécialisent uniquement dans la lutte contre la criminalité organisée, quelle que soit la juridiction. Un magistrat basé en Isère peut mener des enquêtes qui l'amènent dans le Rhône, l'Ain ou la Drôme, soit quatre juridictions différentes. » Dans la décennie 2010, une nouvelle génération de magistrats prend la relève, anime des clubs de réflexion, multiplie les rapports[6] afin d'améliorer l'efficacité des

6 Parmi ceux-là, le rapport « Lutte contre la criminalité organisée : réflexions et propositions pour une action judiciaire

réponses pénales face aux évolutions de cette criminalité organisée. Mais dans un pays où, depuis l'époque de Balzac jusqu'en 2007, le nombre de magistrats n'a pas bougé (autour de 7 000), la question de l'efficacité se pose encore et toujours[7].

Lorsque Damien Brunet atterrit en 2010 au parquet du tribunal de grande instance de Bobigny, en qualité de substitut du procureur, il découvre la submersion professionnelle que représente le nombre astronomique d'affaires à traiter par magistrat. Il observe aussi ce qui se passe côté police : en Seine-Saint-Denis, le nombre d'affaires par policier est quatre fois supérieur à celui des Hauts-de-Seine. Le jeune magistrat s'initie rapidement aux pratiques de ses collègues. « Ils me disent : "ici, on ne traite pas des dossiers mais un territoire. On est dans une logique globale : ça, c'est du tout-venant, on expédie. Ça, en revanche, c'est plus intéressant, on va le relier à tel autre dossier." Et, petit à petit, on regroupe les procédures, on cherche à comprendre son territoire et sa population plutôt que de travailler passivement une fois les infractions constatées. » Partir du criminel

rénovée, renforcée et coordonnée », rédigé par la commission sur le narcotrafic du club des juristes, mars 2025 (https://think-tank.leclubdesjuristes.com/les-commissions/presentation-du-rapport-lutte-contre-la-criminalite-organisee-reflexions-et-propositions-pour-une-action-judiciaire-renovee-renforcee-et-coordonnee).

7 Lorsque, à la suite de l'affaire Cahuzac, le Parquet national financier (PNF) est créé, François Hollande souhaite y voir affecter soixante magistrats. Réaction immédiate de ses conseillers et de la place Vendôme : « Soixante magistrats ? Mais nous ne les avons pas ! »

pour aller au crime, et non l'inverse, c'est sur cette logique, ardemment défendue par Clemenceau lorsqu'il fut ministre de l'Intérieur au début du XXe siècle, qu'est fondée la Brigade de recherche et d'intervention (BRI) en 1974. Cette stratégie n'a toujours rien perdu de sa pertinence : « Quand vous comprenez que c'est l'équipe X ou la famille Y qui tient tout le trafic de cannabis sur la cité des 4 000 à La Courneuve, vous faites un dossier sur X ou sur Y et quand le réseau tombe, vous avez éradiqué le trafic de stups sur votre barre d'immeubles. Alors que si tous les jours vous cherchez le petit gars qui vend vingt grammes de shit, vous n'avancez pas d'un iota », constate Damien Brunet. Il reste que les habitants d'une cité aspirent à ce que la tranquillité revienne au plus vite dans leur environnement. Cela explique que l'action publique ait longtemps été concentrée sur le maintien de l'ordre – visible et immédiat – plutôt que sur le démantèlement des réseaux criminels… Mais la police ne peut passer sa vie devant des barres d'immeubles. Alors que faire ?

C'est dans ce contexte dégradé qu'il faut inscrire les réflexions qui animent la magistrature. On comprend que, face à l'aveuglement du personnel politique et à l'implosion lente des dispositifs en place, se manifeste le besoin de se doter de nouveaux outils.

Quinze ans après l'adoption de la loi Perben II, l'essor constant du narcotrafic pousse le législateur à voter en 2019 une loi instaurant une Juridiction nationale de lutte contre la criminalité organisée (Junalco), avec pour mission de traiter les mêmes infractions que les JIRS lorsque celles-ci présentent un degré de « très grande complexité ». Si, dans un premier temps, ce maillage judiciaire apparaît complet, le bilan de la Junalco après plus de cinq années de fonctionnement met en lumière la nécessité pour l'institution judiciaire d'endosser un rôle de coordination accrue des investigations et des opérations de démantèlement de la criminalité organisée.

La nouvelle loi contre le narcotrafic

En 2025, une nouvelle réforme législative d'importance voit le jour. Parmi ses dispositions novatrices figure notamment la création du Parquet national anticriminalité organisée (Pnaco), qui a pour mission de reprendre l'activité jusqu'alors traitée par la Junalco et de coordonner l'action des JIRS, en assumant un rôle de chef de file en matière de lutte contre la criminalité organisée. Ce Pnaco devient l'interlocuteur unique de l'État-major interministériel de lutte contre la criminalité organisée (Emco)[8]. Une nouvelle relation de travail

8 L'Emco, rattaché à la Direction nationale de la police judiciaire, est composé de représentants des services exerçant une mission de police judiciaire au ministère de l'Intérieur et au ministère de l'Économie et des Finances, ainsi que de membres des services de renseignement. Grâce à la consultation simultanée et permanente

entre autorité judiciaire et forces de sécurité intérieure s'instaure pour identifier la menace des « grands noms » de la criminalité organisée.

Si l'État semble ainsi reprendre l'initiative face au narcotrafic et aux phénomènes de type mafieux, il a peut-être été encouragé en cela par le ras-le-bol de la société civile, et notamment par l'action des collectifs antimafia qui se manifestent en Corse, comme le 8 mars 2025 à Ajaccio, après le meurtre d'une étudiante.

Au sein de la magistrature, les attentes sont grandes vis-à-vis de la nouvelle législation pensée, comme la loi de 2004, avec d'un côté des nouveaux outils juridiques et de l'autre des dispositifs judiciaires pour porter ces outils. L'objectif est de pouvoir endiguer la vague criminelle observée en Belgique et aux Pays-Bas. Et pour cela de mettre au jour des matrices à l'œuvre sur le sol national encore mal identifiées, et notamment des connexions avec des mafias et des organisations extérieures.

Des recherches en *open source*, s'appuyant sur des analyses – méconnues – du Secrétariat général à la mer (organisme interministériel placé sous l'autorité du Premier ministre) ont récemment permis à des magistrats plus curieux que d'autres d'identifier des routes des drogues qui ne sont pas toujours celles qui occupent principalement autorité judiciaire et forces de sécurité

---

des outils et bases de données de ces différents services, l'Emco est chargé d'organiser le partage interservices de l'information.

intérieure. « Pourquoi nous cantonnons-nous à des contrôles de routine sur les avions en provenance du sud du Brésil, une zone pourtant extrêmement active sur le plan du narcotrafic alors que les contrôles sont beaucoup plus massifs sur les vols en provenance de Cayenne ou de Fort-de-France ? », s'interroge Damien Brunet.

Ce diagnostic lacunaire du phénomène interroge sur la bonne articulation des moyens judiciaires et sécuritaires pour lutter contre la criminalité organisée, en particulier dans les territoires où les magistrats n'ont ni les outils ni les éléments d'analyse pour comprendre ce à quoi ils sont confrontés. D'où l'intérêt de créer des filières de magistrats spécialisés par domaine. Une révolution culturelle, appelée par certains, redoutée par d'autres.

La modification du statut et du régime du repenti est également fondamentale. Ce dispositif juridique existe en France depuis 2004 et est applicable depuis un décret de 2014, mais il a toujours manqué de stabilité. Auparavant, le statut de repenti accordé par un membre de l'autorité judiciaire pouvait être retiré par un autre acteur du système pénal, sans lien avec la décision initiale, avec toutes les conséquences imaginables pour le repenti qui avait trahi les siens. Entre 2004 et 2014, une quarantaine de personnes seulement ont bénéficié de ce statut, selon la Commission nationale de protection et de réinsertion, chargée d'accorder la protection aux repentis. « Il faut espérer qu'avec cette clarification des règles du dispositif, la protection des repentis sera mieux garantie, ce qui encouragerait davantage de personnes à parler librement », précise Nicolas d'Hervé.

Au-delà de la question des repentis, la nouvelle loi comprend d'autres mesures procédurales sensibles. Parmi elles, l'allongement des délais de traitement des demandes de détention provisoire, afin d'éviter des remises en liberté d'office lorsque certains actes procéduraux n'ont pu être réalisés à temps. D'autres dispositions émanant du ministère de l'Intérieur ont également été introduites, comme la création d'un « dossier coffre » : un procès-verbal distinct destiné à protéger certains éléments sensibles de l'enquête en les soustrayant à la connaissance des avocats. La loi mentionnait aussi un ensemble de mesures d'investigation techniques controversées, telles que la possibilité d'activer à distance un téléphone portable grâce à un *backdoor*, c'est-à-dire une porte informatique dérobée permettant de le placer sur écoute à l'insu de son propriétaire. Si les dispositions relatives au *backdoor* ont été abandonnées, le « dossier coffre », lui, a été maintenu.

Last but not least, la dernière disposition de la loi de 2025, assurément la plus importante : l'incrimination de participation à une organisation criminelle. En termes de droit pénal et en matière de prévention de la criminalité organisée, c'est une révolution. L'article 450-1-1 prévoit ainsi qu'est désormais considéré comme une infraction le simple fait d'être membre d'un groupe criminel organisé en France, à l'instar de ce que la loi italienne prévoit depuis déjà quarante ans. Cette appartenance est punie de trois ans d'emprisonnement et de 45 000 euros d'amende.

Cette nouvelle incrimination permet d'aborder sous un jour neuf la lutte contre la criminalité organisée. Lorsque la JIRS de Marseille est mobilisée pour faire tomber des tueurs à gages de groupes criminels comme la DZ Mafia, et leurs commanditaires, le Pnaco, en coulisses, peut travailler de façon plus approfondie, identifier les liens entre individus impliqués dans une tuerie, arrêter ceux qui gravitent autour de l'organisation. Ces individus, qu'ils soient banquiers, notaires ou encore fonctionnaires corrompus, ne tomberont pas directement pour la commandite de l'assassinat si on ne peut la prouver, mais en raison du lien qu'ils ont bâti en toute connaissance de cause avec une organisation criminelle. Cela peut par exemple concerner un policier corrompu ayant accepté de consulter pour le compte d'une mafia le Fichier des personnes recherchées pour savoir si X est sous le coup d'un mandat d'arrêt. Ce type d'incrimination permettrait donc de mieux cerner la réalité des organisations mafieuses et leurs réseaux de soutien. On ne saurait être plus fidèle à l'esprit de l'article 416 *bis* de la loi antimafia italienne.

Mafia or not Mafia ?

Au cours de la décennie écoulée, la déferlante du narcotrafic a conduit à une multiplication des termes utilisés dans le débat public pour décrire le monde criminel. Les termes « crime organisé », « mafias », « grand banditisme », « narco-banditisme », « criminalité transnationale » ou encore « cartels » côtoient les notions plus familières de « gangs des cités », « voyous corses », ou encore « milieu lyonnais »... S'il faut nommer le mal, encore faut-il bien le faire. Le terme générique de « criminalité organisée », qui renvoie à une large catégorie, a le mérite de n'être ni trompeur ni réducteur. Le terme « mafia », quant à lui, fait l'objet d'incessants débats d'école entre experts confrontés à des réalités nouvelles, complexes, changeantes, qui témoignent de la porosité réciproque des cultures criminelles d'un pays à l'autre. Au sein de la magistrature, certains observateurs constatent un recul de ces rituels au sein des mafias historiques, notamment italiennes. Le tatouage, pour ne prendre que cet exemple, est trop visible dans l'espace public, et cette marque peut nuire à celui qui la porte. Pour autant, le sentiment d'appartenance se diffuse au-delà des terres historiques des mafias. Dans un territoire historique de trafics comme la Seine-Saint-Denis, les observateurs ne relèvent pas de rituels spécifiques, caractéristiques des mafias historiques, sans doute parce que ce n'est pas utile pour faire prospérer le business. Il n'empêche, l'administration pénitentiaire sait le risque qu'il y a à mettre dans la même coursive un individu originaire de telle cité et un autre originaire de telle autre. Damien Brunet se souvient : « Un jour, une maison d'arrêt francilienne a malencontreusement mis dans la même cellule un individu de la cité du Franc-Moisin et un autre de la Cité des 4 000 qui ne se connaissaient pas, n'avaient jamais été en affaires, ni ensemble ni l'un contre l'autre. À peine se sont-ils vus qu'ils ont manqué de s'entretuer. »

Ce type de violence spontanée, déterminée par des appartenances géographiques et symboliques souvent invisibles mais puissantes, révèle une forme d'organisation implicite du territoire, de loyautés et d'hostilités enracinées, de type mafieux. Toujours soucieux de garder un œil sur nos voisins transalpins experts en la matière, Damien Brunet estime que les magistrats français auraient tout lieu de faire leurs les analyses de leurs homologues italiens, notamment celles du procureur national antimafia selon lequel, depuis plusieurs années, la 'Ndrangheta cible la France comme un territoire stratégique afin de répondre à la saturation du marché italien[9]. On peut par ailleurs noter que les Italiens eux-mêmes ont reconnu l'appellation

9 Dans un rapport d'activité de 2023, soumis au parlement italien, la Direction interministérielle antimafia italienne relève entre deux cents et six cents 'Ndranghettistes établis dans des zones géographiques qui constituent les bases arrière de grands ports, comme Le Havre, Dunkerque et Marseille.

« mafia » pour qualifier les confraternités nigérianes. Pourtant, cette lecture peine encore à s'imposer dans les cercles institutionnels français, où l'on continue d'affirmer que l'Hexagone ne serait qu'une terre de repli pour les mafieux italiens, comme elle le fut pour les Brigades rouges ou des membres d'ETA dans les années 1980.

Si les différences d'approche sont encore grandes au sein des institutions, un consensus se dégage toutefois : cibler les têtes de pont des trafics, ce qu'on appelle aujourd'hui le « haut du spectre ». C'est ce à quoi les polices s'emploient lorsqu'elles recrutent, tout comme le font les services de renseignement, des « geeks » capables de traquer les communications, les ordinateurs, les virements bancaires, ou d'explorer les profondeurs du *darkweb*. Le monde judiciaire et policier intensifie aussi sa coopération avec les pays comme les Émirats arabes unis, la Turquie ou le Maroc, qui servent de sanctuaires aux figures du « haut du spectre ». Pendant des années, cette coopération a été la variable de régulation d'enjeux diplomatiques jugés plus importants par le monde politique. Pour autant, elle progresse, aussi lentement cela soit-il : des criminels qui pensaient avoir assuré leurs arrières grâce à des connexions bien placées au sein de l'appareil d'État de certains de ces pays, au point, pour certains, de ne pas même prendre la peine de se cacher, se retrouvent un petit matin dans un avion direction une prison européenne. Ridouan Taghi n'est pas le seul exemple de cette bascule.

Chaque année, 175 millions d'euros sont confisqués en France. Un chiffre qui doit être mis en regard des estimations macro-économiques de l'Union européenne sur le chiffre d'affaires annuel de la criminalité organisée en France, qui s'élèverait à 22 milliards… Dans le détail : le trafic de déchets représenterait 1,3 milliard, la contrebande de tabac 2 milliards, la traite des êtres humains 3,2 milliards, la fraude intra-communautaire 6 milliards, la contrefaçon 5,6 milliards, et les infractions liées aux stupéfiants 3,5 milliards… Il s'agit bien entendu d'estimations, les montants pouvant varier du simple au double, mais ils donnent une idée claire de l'ampleur des phénomènes criminels concernés.

Faire autrement ?

Le monde des trafiquants est un monde atroce : esclavagisation des petites mains, brutalités insensées, torture utilisée en première intention, contrats à 20 000 euros exécutés par des jeunes garçons à peine sortis de l'enfance, corruption tous azimuts… Autant de problèmes qui renvoient à un contexte plus large : comment fonctionnent l'ascenseur social et les services publics ? Comment se fait la distribution des opportunités et des richesses ? De quelle impunité disposent les puissants ? Quel pacte social proposer à nos concitoyens face aux drogues ? Quelles politiques publiques mettre en avant ?

Commençons par le cannabis. Un grand nombre de criminologues estiment qu'à partir du moment où l'on autorise un acteur légitime, ayant pignon sur rue, à distribuer du cannabis – comme c'est le cas au Canada – et qu'on lui impose des règles précises, on entre dans une logique régulée, avec des acteurs qui jouent le jeu car ils y ont intérêt. Aller dans ce sens permet de réduire la violence et de priver les trafiquants d'une source importante de revenus.

Si la France décidait de prendre ce chemin, elle devrait clairement se distinguer des États-Unis, qui ont confié ce commerce à des multinationales inscrites dans une logique de promotion à tout-va – soit l'exact opposé des réalités du petit producteur, qui vise une marchandise de qualité sans chercher à dicter les termes du marché. Il faudrait au contraire privilégier une logique de circuits courts où l'État met le marché entre les mains de petits entrepreneurs, qui, par nature, disposent de moins de moyens pour corrompre ou saturer le système. En 2024, l'Allemagne, suivant l'exemple de Malte et du Luxembourg, a légalisé le cannabis à usage récréatif (avec toutefois une interdiction formelle de la possession et de la consommation chez les mineurs). Dans le nouveau modèle allemand, des « social clubs » sans but lucratif, ont vocation à occuper un rôle central. Une telle évolution ne se décrète pas. Elle ne peut venir que d'en bas, notamment en France. Ce n'est que lorsque, sur le terrain, certains auront envie de s'y mettre que ceux d'en haut, l'État, le législateur, seront contraints de s'y intéresser.

Pour les opiacés, la situation est différente. Ces trente dernières années, le développement des produits de substitution a permis de prendre en charge les usagers les plus gravement touchés. La relative désaffection vis-à-vis de l'héroïne a également contribué à contenir le problème. Mais la polytoxicomanie est apparue à sa suite, en écho à un monde où, pour le dire vite, « se charger » permet de tenir, un monde où, comme le dit Michel Gandilhon, chercheur à l'Observatoire français des drogues et des toxicomanies, « les substances psychoactives répondent à trois grands besoins humains : diversifier nos plaisirs, atténuer la douleur et augmenter notre performance[10] ». L'envie peut-être aussi de devenir un autre, de s'absenter de soi-même ?

Pour la cocaïne, l'approche est plus complexe encore. On ne peut pas réguler une drogue sans s'intéresser aux modalités de sa production, or la cocaïne n'est produite que dans quelques rares pays, alors que le cannabis peut être cultivé partout. Le fait que la production de cocaïne soit confinée à quelques régions d'Amérique latine implique qu'il ne serait peut-être pas pertinent de viser la mise en place des systèmes régulés comme le Canada ou l'Uruguay ont pu le faire pour le cannabis.

---

10 Et auteur de l'excellent *Drugstore. Drogues illicites et trafic en France*, Éditions du Cerf, 2023.

Peut-être faudrait-il concentrer en priorité les efforts sur la régulation et la prévention dans les pays de production qui, rappelons-le, sont les premières victimes du narcotrafic. Une chose est sûre : il n'y aura pas de solutions fiables tant que ne seront pas réformées les règles de gouvernance de l'économie mondiale.

Épilogue

Documenter le narcotrafic

Ce livre s'inscrit dans un travail amorcé il y a plusieurs années avec notre producteur Christophe Nick chez Yami2 et l'unité documentaire d'Arte. En 2023, nous avons coréalisé la série *Mafias et Banques*, mais l'aventure dans le monde des mafias avait commencé bien plus tôt. Notre première série documentaire portait un titre simple : *Mafia et République*. Diffusée en 2017, elle visait la mafia corse et révélait le rôle que certains de ses membres avaient joué dans les coulisses de la Vᵉ République. En trois heures, cette série s'aventurait dans les zones grises du pouvoir, sur plus d'un siècle, et retraçait comment, des bas-fonds marseillais jusqu'au sommet de grandes entreprises françaises, le crime organisé corse et la French Connection avaient servi de courroie de transmission entre affairisme et politique. Une fable amorale sur la porosité du pouvoir au monde criminel et sur le noyautage des mouvements indépendantistes par des criminels en col blanc rêvant de transformer l'île de Beauté en paradis mafieux.

Après cette série, tout aurait pu s'arrêter mais, à la fin du projet, un détail a retenu notre attention : la présence quasi systématique des drogues – notamment l'héroïne – dans les opérations de déstabilisation et de contrôle de territoire. À l'époque, nous nous sommes dit : pas d'opérations secrètes sans que la drogue ne soit là, quelque part. C'est sur cette base qu'est née notre deuxième série : *Histoire du trafic de drogue*. Un projet qui dépassait le seul cadre français pour embrasser la géopolitique mondiale des drogues, sur un siècle. De Shanghai à Medellín, de New York à Palerme : comment le trafic de drogue est-il né ? Comment se sont constituées les organisations criminelles ? Et que font les États face à ce mal sans frontière ?

Ce film a renforcé notre compréhension des réseaux mafieux, mais, surtout, il nous a permis de rencontrer – aux quatre coins du monde – des chercheurs, des activistes, des membres des forces de l'ordre et même des repentis. Peu à peu, nous avons commencé à tisser notre propre réseau. Une toile patiente, construite au fil des tournages, pour capter dans nos films les grandes dynamiques de la politique des drogues et les stratégies mouvantes des organisations criminelles.

Ni « Mocro » ni « Maffia »

Lorsque les auteurs de ce livre ont uni leurs efforts pour proposer à Arte un documentaire sur la « Mocro Maffia » aux Pays-Bas, et avant même de savoir que nous ferions de ce sujet un livre qui y ajouterait des perspectives françaises, cela faisait un bon moment qu'il était question de cette nébuleuse criminelle hollandaise dans l'actualité. Sa dangerosité, son dynamisme étaient explicitement évoqués, mais ce que nous lisions nous semblait manquer de background, de profondeur historique. Nous étions mis en appétit à l'idée que les experts que nous allions rencontrer (douaniers, policiers, magistrats, chercheurs, criminologues) nous offriraient une photographie immédiate, argumentée, actualisée du phénomène contemporain du narcotrafic aux Pays-Bas. Nous savions aussi que ceux que nous avions identifiés nous épargneraient les sempiternels constats du type : « Les trafiquants sont astucieux et se réorganisent sans cesse », « La demande est massive donc l'offre suit », « Les ravages sur nos sociétés sont immenses », « Ça n'arrête pas, il faut se battre sans relâche ».

Ce qui nous intéressait, c'était de savoir si nos interlocuteurs nous permettraient de découvrir autre chose, tout particulièrement cette profondeur historique qui nous plaît tant, et sans laquelle il n'est pas de grandes aventures humaines – le trafic des drogues, c'est un fait, en est une. Notre ambition était de comprendre ce qui avait conduit à l'éclosion, il y a une vingtaine d'années, de la « Mocro Maffia » aux Pays-Bas. Or, très vite, nous avons été confrontés à deux réalités, l'une de fond, l'autre de forme. La réalité de fond, c'est que la « Mocro Maffia » n'est que la dernière représentation en date d'une matrice criminelle hollandaise qui se réadapte en permanence depuis un siècle. La seule différence, ce sont les volumes du trafic et le caractère particulièrement visible du recours à la violence. La réalité de forme, c'est, et il ne faut jamais cesser de le rappeler, que la « Mocro Maffia » n'est pas composée uniquement de Marocains, aussi nombreux soient les jeunes issus de l'immigration rifaine des années 1960-1970 dans cette nébuleuse criminelle. Celle-ci a été décimée sans jamais avoir eu réellement les moyens, sinon le désir, de se constituer en mafia, au sens historique du terme, à savoir un modèle fait pour durer, fondé sur l'occupation et le contrôle politique du territoire, *via* la subjugation des économies et du tissu social. Aussi, ce qui interroge dans l'apparition du terme « Mocro Maffia », c'est le sous-texte : collectivement, il nous est difficile d'admettre que le monde criminel a pris ses quartiers dans nos sociétés, et il est probablement plus difficile encore pour des pans entiers du corps social d'accepter que les damnés de la terre, autrement dit les « gamins des quartiers » d'origine étrangère, aient osé prendre leur part du gâteau, s'inviter à la table. Mais pourquoi se seraient-ils privés de le faire ? Ce phénomène est aussi ancien que le monde est monde. Essentialiser, culturaliser des groupes ethniques, les voir comme des barbares nous empêchent de comprendre cette version criminelle du « *Yes we can* » d'Obama.

C'est une banalité de le dire : lorsqu'on observe l'histoire « moderne » du trafic de drogues, disons celle qui commence dans les années 1980 avec les cartels colombiens – celle dont les médias du monde entier, le cinéma, la télévision ont fait leur miel depuis –, on constate que lorsqu'une tête tombe, d'autres repoussent. Et quand on coupe ces nouvelles têtes, d'autres prennent très vite la place qui se libère : la métaphore de l'Hydre, aussi éculée soit-elle, traduit bien au fond l'impuissance de nos sociétés à juguler les trafics. Malgré les moyens colossaux déployés par les États pour s'y opposer, il y a toujours de nouvelles routes, de nouvelles têtes de réseau, de nouveaux *modus operandi*, malgré les moyens colossaux déployés par les États pour les combattre, tout ce que nous appelons dans notre jargon des « patterns », autrement dit des matrices. En nous penchant sur la « Mocro Maffia », nous pensions découvrir les matrices du moment. Et, ce faisant, nous espérions secrètement remonter aussi loin que possible dans l'histoire pour en comprendre les racines.

Ce que nous n'avions pas tout à fait anticipé, en revanche, c'est la puissance politique et historique de ce que nos différents interlocuteurs allaient nous raconter. Le commerce des drogues, notamment celui des puissances coloniales, a une longue histoire. Et lorsqu'au XXe siècle les États ont progressivement arrêté le commerce des drogues et l'ont prohibé, cette histoire est devenue la matrice du modèle criminel moderne. Le marché est désormais aux seules mains des trafiquants, et les différentes itérations de ce modèle criminel qui apparaissent alors aux Pays-Bas dans l'entre-deux-guerres sont peu ou prou celles qu'on observe aujourd'hui, alors même que le marché des drogues a, lui, explosé. Aux côtés des mafias historiques très structurées (mafias italiennes, mafia albanaise), il y a toujours eu une multitude d'opérateurs, des « écuries privées », des réseaux qui généralement ne survivent pas à la disparition de leurs fondateurs. Aux Pays-Bas, c'est une constante depuis un siècle. Et c'est là que nos interlocuteurs ont théorisé sur le fond ce dont il est question dans notre série documentaire : l'horizontalité des réseaux de trafic, leur fragmentation, leur partage des tâches, leur opportunisme, autant d'éléments qui caractérisent l'écosystème criminel contemporain, qu'on pourrait qualifier de « gazeux ».

C'est en faisant ces parallèles constants entre hier et aujourd'hui que nous avons pu mesurer le rôle historique crucial qu'ont joué les Pays-Bas dans la géopolitique des drogues. Au début de notre enquête, nous connaissions l'histoire du kif dans le protectorat français du Maroc, le rôle de l'Empire britannique dans les guerres de l'opium, et il était donc assez logique de découvrir ce que les colonies néerlandaises, elles aussi, avaient pu faire. Nous connaissions les Pays-Bas comme une nation historiquement dopée au commerce, libérale jusqu'à la moelle, dotée d'un vrai génie national pour l'échange et la spéculation marchande, avec un passé artistique exceptionnel. Nous savions l'histoire d'amour que ce pays entretenait, discrète mais solide, avec les stupéfiants depuis plus de quatre siècles. Pour autant, nous ignorions à quel point l'histoire contemporaine du trafic de drogues découlait de cette matrice. Entre les Hollandais de la Compagnie des Indes et les narcotrafiquants contemporains, il y a un point commun : une foi absolue dans la notion d'« opportunité commerciale », surtout quand il s'agit d'un produit qui rapporte. Si la cocaïne n'est pas un produit comme un autre, ce n'est pas parce que son commerce est infamant, mais bien au contraire parce que son commerce rapporte aujourd'hui plus que les autres. Comme l'opium hier[1].

Cela, nous le savions aussi pour avoir traversé des pays entiers, rencontré des producteurs de cannabis, de cocaïne, d'opium, vu de près ce que l'on n'aperçoit d'ordinaire que dans les statistiques. En Birmanie, au cœur du Triangle d'Or, Tom Kramer, membre du Transnational Institute, une ONG qui défend les paysans et promeut la diversification des cultures, nous a ouvert les portes d'un monde fermé à la plupart d'entre nous. Un après-midi de février 2018, après des heures en camion sur des routes défoncées, nous

1 Sur la disparition de l'opium et sa quête fantasmatique en Asie dans l'imaginaire occidental, on peut lire l'épatant petit récit de Nick Tosches, *Confessions d'un chasseur d'opium*, Allia, 2001.

arrivons sur une plage étroite où deux hommes, silencieux, nous attendent sur leur embarcation. Le moteur claque. Nous traversons un lac bordé de montagnes, sans savoir où nous allons. Sur l'autre rive, un 4X4 et deux motocross nous attendent déjà. Sans un mot, nous reprenons la route, sur des pistes de terre craquelée et poussiéreuse. Au loin, une tache vert clair perce la végétation sombre. Une culture de pavot à opium. Là, dans ce champ semblable à une mer de coquelicots, une femme perpétue le geste ancien. D'une petite griffe de métal, elle incise la capsule de la plante. La sève perle. L'opium. Timide, surprise par notre présence, elle nous parle. Ici, sans eau ni irrigation, rien ne pousse aussi bien que le pavot. Changer de culture n'est pas une option. Pas encore. Sur cette parcelle qu'elle partage avec d'autres, elle tire, au mieux, 4 000 dollars par an. À diviser. Nous poursuivons jusqu'au village. Pas le temps de fumer l'opium. Avant notre départ, les anciens nous confient qu'en dehors des activistes du TNI, aucun Occidental n'a mis les pieds ici depuis 1975. Les derniers, disent-ils, étaient américains. Des hommes de la CIA. Dans sa croisade contre le communisme, pour soutenir les armées du Kuomintang contre Mao Zedong, ou au Laos face à l'avancée vietnamienne, l'agence a laissé le trafic de drogue se développer dans le Triangle d'or, toléré comme levier de financement des guerres idéologiques.

Qu'il s'agisse des guerres de l'opium menées par les puissances coloniales contre la Chine au XIXe siècle ou des conflits en Amérique latine, l'instrumentalisation du crime organisé par la raison d'État laisse des cicatrices profondes. Et quand la guerre à la drogue vient masquer ces logiques, quand elle prétend éteindre l'incendie qu'elle a contribué à allumer, les dégâts sont irrémédiables.

Nous savions aussi ce que le monde contemporain peut offrir aux entrepreneurs de l'illicite, le rôle des paradis fiscaux dans le blanchiment de tout ce que la planète compte d'argent salement acquis, que ce soit par des dirigeants politiques, des oligarques ou des multinationales, bref un écosystème dont il était impensable d'imaginer que le monde du trafic de drogues soit absent… C'est à ce genre de choses qu'on pense quand on est dans le train pour Rotterdam, avec son matériel de tournage, et qu'on voit par la fenêtre entrepôts de logistique après entrepôts de logistique s'insérer dans le paisible paysage des bocages hollandais : d'un côté la face lisse du monde de l'économie licite, de l'autre la violence exacerbée du trafic.

Lorsque l'État est défaillant et que les institutions sociales sont touchées, ne reste parfois plus que l'espoir. C'est ce que nous avons observé au Mexique, où nous nous sommes aussi rendus en 2018. À peine arrivés à Mexico, nous prenons la route vers l'ouest, direction l'État du Guerrero. Là-bas comme ailleurs, la violence des cartels a rongé jusqu'à l'os les structures politiques locales. Le matin de notre arrivée à Acapulco, les batteries de la caméra chargent. Nous prenons un café face au Pacifique lorsqu'on nous informe qu'un corps sans tête vient d'être retrouvé un peu plus loin sur la plage. Quelques minutes plus tard, une fusillade éclate à une dizaine de kilomètres. Un journaliste local nous y conduit, les douilles jonchent encore le sol. Puis il reçoit un appel. La tension monte d'un cran. L'armée vient d'entrer dans la ville. Elle a investi le commissariat central. Au-dessus de nos têtes, des hélicoptères balaient l'horizon. Nous atteignons le centre-ville dans les premières minutes. Là, une scène à peine croyable : les policiers, contraints par les soldats, déposent leurs armes, rendent leurs insignes. Ils sont menottés un à un, embarqués sans ménagement. Les convois militaires s'évanouissent. Personne ne comprend ce qui se joue. On apprend finalement que le chef de la police et plusieurs de ses officiers ont été arrêtés pour corruption en lien avec un groupe criminel local. Juan, notre fixeur, commente sans surprise : « Le nouveau président vient d'être élu, il faut faire le ménage avant la passation de pouvoir. Les alliances tournent, c'est comme ça ici. » En clair, rien d'inhabituel. Sauf que.

Le jour suivant, dans l'arrière-pays, nous suivons Mario Vergara, la trentaine, silhouette sèche. Son frère a disparu depuis six ans, enlevé par les narcos. Une victime parmi tant d'autres. Ici, les cartels sèment la terreur jusque dans les villages. On enlève au hasard pour marquer le territoire, faire taire les curieux. Mario a ouvert un petit bar. Il y sert à boire pour délier les langues. À force d'alcool, il récolte des bribes d'information. Il n'a pas retrouvé son frère, mais chaque jour, au péril de sa vie, il poursuit sa traque. Avec son chien, une pelle et une pioche, il arpente les vallées du Guerrero. Il creuse là où, à voix basse, on lui dit : « Les méchants sont passés par là. » Ce jour-là, devant nous, il exhume un crâne. Troué à l'arrière, sans doute un tir à bout portant. Selon lui, l'homme aurait été contraint de creuser sa propre tombe avant d'être exécuté. Depuis le début de sa quête, Mario affirme avoir déterré plus de quatre cents corps. Le Mexique, avec ses 3 000 kilomètres de frontière partagée avec le grand voisin du nord, paie au prix fort une politique globale des drogues fondée sur l'aveuglement. Une politique qui déplace la violence sans jamais la résoudre. Et Mario, avec son chien et sa pelle, continue de fouiller la terre. De chercher. D'alerter. Dans la poche gauche de son pantalon, une petite amulette. Ce qu'il craint, ce n'est pas la mort. Il est déjà mort, dit-il. Il veut juste que, si les narcos le décapitent, sa mère puisse reconnaître son corps.

On l'aura compris, la drogue a ceci de commun avec la politique que si vous ne vous intéressez pas à elle, elle s'intéressera à vous. Aujourd'hui, on ne peut pas dire que le trafic de drogue n'intéresse pas, tant son traitement médiatique est omniprésent. Reste à savoir que faire de toute cette information. On ne peut raisonnablement pas demander à la presse régionale, aux radios de flux, aux chaînes d'info en continu de faire des enquêtes approfondies sur les trafics de drogues puisque de toute façon, elles ne le peuvent pas.

Depuis trente ans, lorsqu'ils sont face aux experts, les médias posent toujours les mêmes questions : « La consommation augmente-t-elle ? Les trafiquants sont-ils mieux organisés qu'avant ? Comment travaillent les services de police ? Manquent-ils de moyens ? Les Mexicains ont-ils remplacé les Colombiens ? » En France en tout cas, on ne va jamais beaucoup plus loin que cela sur les drogues, comme s'il était difficile de changer de focale pour aborder ces questions autrement, sur le temps long.

Défaillances systémiques

Et pourtant, les choses changent sous nos yeux, avec la réorganisation de nos outils judiciaires et policiers. On l'a vu, en juin 2025, le parlement a adopté une nouvelle loi visant à renforcer la lutte judiciaire contre le narcotrafic, portant création d'un Parquet national anticriminalité organisée. Quelques mois plus tôt, l'office chargé de la lutte contre la grande délinquance financière annonçait le déploiement d'une entité policière dédiée à lutter contre la « narcocorruption », tant au sein des services de l'État que dans le secteur privé.

Et patatras ! Au printemps 2025, éclatait l'affaire de l'Ofast de Marseille, relative à des « livraisons contrôlées » de cocaïne (terme employé pour désigner les cargaisons que la police laisse rentrer sur le territoire pour mieux remonter aux commanditaires) qui se sont évaporées dans la nature. De forts soupçons de corruption ont été émis à l'encontre de responsables de l'unité marseillaise. Cinq policiers, dont deux commissaires ont été mis en examen. Quelques semaines plus tard, nouvelle surprise : une enquête préliminaire était ouverte par le parquet de Paris, apparemment distincte du dossier marseillais et confiée à la Junalco. Celle-ci conduit à une perquisition par l'Inspection générale de la police nationale au siège national de l'Ofast à Nanterre et aux domiciles de deux de ses agents. Selon la presse, cette dernière affaire concernerait cette fois la gestion des indics. Porosité au monde criminel, dysfonctionnements structurels ? Il est encore trop tôt pour le dire. Des problèmes de ce genre surgissent périodiquement. Rappelons l'affaire François Thierry, en 2013, à propos des liens troubles que le commissaire Thierry, alors patron de l'Office central de répression du trafic de stupéfiants (Ocrtis), entretenait avec un de ses indicateurs. Émaillée de rebondissements judiciaires, l'affaire conduira le commissaire aux Assises, avant qu'il soit finalement acquitté par la cour criminelle du Rhône en 2024, et à la suppression en 2020 de l'Ocrtis puis à la création de l'Ofast. Et voilà que quatre ans plus tard, l'Ofast est à son tour touchée par des affaires de « livraisons surveillées ». S'il était besoin d'illustrer la mécanique éminemment complexe de la lutte contre le narcotrafic…

Le dysfonctionnement fait partie de la vie de toute institution, et on ne peut que l'accepter. Encore faut-il en tirer les leçons. Or dresser les bons diagnostics est une entreprise de longue haleine. Quand on y consacre le temps nécessaire, on ne peut qu'être troublé par l'écart entre les travaux des experts – économistes, magistrats, criminologues, services policiers spécialisés – et ce qu'en comprennent les institutions étatiques en France ou ailleurs, mais en France particulièrement.

Un récent article du *Monde*, mentionné dans le chapitre précédent, raconte quinze ans d'aveuglement collectif des autorités policières et politiques sur la progression du narcotrafic en France, leur indifférence crasse aux rapports alarmants des services spécialisés (police et gendarmerie) accumulés année après année. Pourquoi cette indifférence ? Parce qu'en fait, pour reprendre le constat déjà cité d'un ancien policier marseillais : « Le crimorg ne paye pas. » Cet aveu d'impuissance, accablant pour l'État, est révélateur de quelque chose de fondamental : lutter contre le crime organisé demande un effort sur le long terme, alors que l'opinion attend des résultats immédiats.

Tout de même… dans un pays où les interventions musclées de la BAC font l'objet de reportages réguliers à la télé, où l'État valorise sans cesse le travail de sa police, célèbre les exploits du GIGN et du RAID, multiplie les peines plancher, incarcère à haute dose, un pays où le parfum sécuritaire est visiblement capiteux pour une grande partie de l'opinion, entendre un responsable policier dire que lutter contre le crime organisé « ne paye pas » est un sidérant aveu d'impuissance. On comprend mieux pourquoi ça deale et ça défouraille aujourd'hui au cœur de Marseille, dans le quartier Bourse, à deux pas du commissariat de la Canebière.

À partir du moment où l'État s'est doté d'outils d'analyse fournis par des experts, criminologues, services de terrain ou magistrats, et que ces outils n'ont fait que s'améliorer au fil des ans, comment expliquer que ces travaux n'infusent pas dans les sphères politiques, qu'ils n'accouchent pas d'une stratégie à même de faire face à la menace croissante d'un crime organisé disposant de ramifications multiples, capable de s'infiltrer géographiquement à peu près partout par la corruption et l'intimidation ? Pourquoi la réponse étatique a-t-elle été aussi défaillante pendant toutes ces années ? Pourquoi l'infiltration mafieuse italienne sur notre territoire, documentée par les magistrats antimafia italiens, continue-t-elle d'être niée au plus haut sommet de l'État ? Pourquoi la haute hiérarchie judiciaire et policière n'ose-t-elle pas contredire l'exécutif sur ces questions ? Quand on revient des Pays-Bas après un tournage, et qu'on revoit les mêmes bocages qu'à l'aller mais dans l'autre sens, on s'interroge : pourquoi ces questions font-elles sens là-bas et pas chez nous ? Y aurait-il un plafond de verre que nous ne voyons pas dans la réponse politique hexagonale ?

Il est un plafond de verre que nous avons identifié en 2020, après avoir terminé notre série *Histoire du trafic de drogue* : la lutte contre les « mafias de la drogue » s'arrête là où commence le secret bancaire.

Si les trafics prolifèrent, ce n'est pas seulement parce que des gens consomment mais aussi parce que les flux financiers générés par cette consommation échappent à toute transparence. Et ce n'est pas un hasard. C'est dans cette logique que nous avons écrit en 2021 une série documentaire intitulée *Mafias et Banques*. Une enquête sur plus d'un siècle, de la naissance des paradis fiscaux aux Panama Papers. Cette fois-ci ni pistes poussiéreuses dans les montagnes ni coups de pioche pour déterrer les morts, mais une nouvelle criminalité : la criminalité organisée en col blanc.

Depuis l'effondrement du bloc soviétique, les organisations criminelles ont redéfini leur champ d'intervention et, par le jeu de nouvelles alliances, une internationale du crime s'est constituée. Triades, mafias, cartels opèrent désormais dans une logique coopérative lorsque les conditions de profit et de risque le nécessitent. Les grandes opérations de transport de marchandises deviennent des entreprises collectives et coordonnées.

Pour nous, documentaristes, rendre visible ce *modus operandi* a été un défi. Peu de documents, peu de photographies et d'images. Le récit se construit sur de l'invisible. De cet invisible a surgi Paul Radu. La quarantaine, mèche à la David Lynch, cofondateur de l'OCCRP – Organized Crime and Corruption Reporting Project –, un consortium de journalistes qui travaille sur la jonction entre monde mafieux et pouvoir politique. Quand nous le rencontrons, Paul Radu vient de découvrir ce qui va transformer notre lecture du crime organisé. En épluchant les archives d'une banque balte, l'OCCRP est tombé sur des fichiers suspects. Des numéros de compte identiques, utilisés par différentes sociétés anonymes. En retraçant les flux, les enquêteurs ont montré que plusieurs organisations criminelles internationales partageaient les mêmes accès bancaires pour blanchir leur argent. Paul Radu comprend alors que ce sont les banquiers eux-mêmes qui, pour capter les capitaux mafieux et les injecter sur les marchés, conçoivent des produits spécifiques. Taux de commissions réduits, opacité maximale. Comme toute logique d'accumulation, celle-ci exige du volume. L'argent du crime ne s'impose pas au monde des banques : il lui est nécessaire. Le blanchiment d'argent est un pilier du capitalisme mondialisé.

Dans les années 1980, Giovanni Falcone, magistrat sicilien, affronte la mafia non comme un simple réseau criminel, mais comme une des formes les plus violentes du capitalisme. Il comprend avant tout le monde que Cosa Nostra est une organisation rationalisée, intégrée aux logiques du profit. Les arrestations pour détention ou trafic de drogue ne servent à rien. Suivre l'argent et frapper au portefeuille constitue, aux yeux de Falcone, la seule méthode réellement efficace pour s'en prendre à la puissance de la mafia.

Mais à cette époque, aux États-Unis, Ronald Reagan gouverne en plein délire néolibéral. La dérégulation devient un dogme. Le capital ne doit rencontrer aucun obstacle, aucune entrave, surtout pas judiciaire. Et quand Falcone demande à pouvoir enquêter sur les banques américaines, où transite l'argent de Cosa Nostra, il se heurte à un refus net. Le juge italien n'aura pas accès aux sanctuaires du capital international. Ce rejet montre là encore que la frontière entre crime organisé et économie légale est plus poreuse qu'on ne veut l'admettre.

*

Ceux qui s'inquiètent à tort sont épuisants, ceux qui ne s'inquiètent jamais le sont tout autant. Il faut regarder les choses telles qu'elles sont. Le pire n'est jamais certain. Quand Totò Riina déclare la guerre à l'État italien, ce geste signe sa perte. Cosa Nostra est l'un des rares exemples d'une mafia historique ayant réellement subi un coup majeur. L'organisation reste puissante, certes : elle garde la main sur certains secteurs économiques, elle prélève encore l'impôt révolutionnaire dans des commerces. Mais elle est presque l'ombre d'elle-même. À Palerme, la peur a changé de camp.

Ce qu'ont fait les Italiens vis-à-vis des mafias, nous pouvons le faire aussi. Cela demande, au sens antique du terme, une vertu. Non pas une morale compassée, mais un projet d'action assumé, inspirée des pionniers de la permaculture : réparer, toujours réparer. Dans « Bankrobber », morceau mythique, les Clash appellent à résister quand ils chantent : « *Some is rich, some is poor. That's the way the world is. But I don't believe in lying back and saying how bad your luck is.* » La résignation n'est pas une option.

À ceux qui prennent des risques

Après chacun de nos films, la même question resurgit : « Vous ne craignez pas pour votre vie ? » Nous répondons alors par l'une des blagues qu'on nous a déjà faites : « Si vous êtes encore vivants, c'est que vos films sont mauvais. » La vérité est plus simple : certains de ceux que nous rencontrons sont en danger de mort. Nous, non.

Nous pensons à Alfred McCoy, universitaire américain pris en embuscade entre deux feux par des agents américains au nord du Laos, en pleine guerre du Vietnam, alors qu'il enquêtait sur le trafic d'héroïne. Son livre, censuré puis caviardé pendant des années, deviendra un best-seller, une référence mondiale, notre livre de chevet : *La Politique de l'héroïne*[1]. Nous pensons à Nicola Gratteri, magistrat antimafia, cible vivante de la 'Ndrangheta calabraise. Depuis 1986, il

1 *La Politique de l'héroïne. L'implication de la CIA dans le trafic de drogue*, Éditions du Lézard, 1998.

vit sous protection : plus de glace en terrasse, ni de bain de mer, fini les promenades en famille. Sa vie se résume à la lutte antimafia… et aux parties de cartes avec ses gardes du corps. Nous pensons aussi à Luigi Bonaventura, repenti qui a tiré dans les jambes de son propre père pour ne pas le tuer, le jour où celui-ci est venu l'abattre, l'accusant de trahison. Il avait choisi de parler à la police, de sortir de la famille. Tant d'autres encore…

Raconter, c'est déjà résister. C'est refuser la peur, refuser le repli. C'est dénoncer, avec nos moyens, les logiques prédatrices à l'œuvre ; dire ce qui est. Et si, parfois, nous revenons de tournage en colère ou baignant dans un sentiment d'impuissance, jamais nous ne cédons au découragement. Au contraire, nous tentons de bâtir des récits là où il n'y a souvent qu'une vallée de larmes ; nous savons que ces récits, une fois partagés, peuvent devenir une force.

Et qu'en d'autres lieux, à cet instant, Paul Radu, Alfred McCoy, Vanda Felbab Brown, Nikos Passas, Lakshmi Khumar, Tom Kramer et bien d'autres enquêtent, écrivent, dénoncent, combattent : c'est là que nous plaçons notre espoir.

Ce livre leur est dédié.

Table des matières

CPI
FIRMIN-DIDOT
27650 Mesnil-sur-l'Estrée

Composition Facompo, Lisieux.
Achevé d'imprimer par CPI Firmin Didot
à Mesnil-sur-l'Estrée en septembre 2025.
Dépôt légal : octobre 2025
Numéro d'imprimeur : 185417
Imprimé en France

#lisez engagé !
www.lisez.com

Cet ouvrage est imprimé
sur du papier issu de forêts
gérées durablement.